Leiner · Spektralanalyse ökonomischer Zeitreihen

Moderne Lehrtexte:

Wirtschaftswissenschaften   Band 12

Bernd Leiner

Spektralanalyse ökonomischer Zeitreihen

Einführung in Theorie und Praxis moderner Zeitreihenanalyse

2., erweiterte und überarbeitete Auflage

2., überarbeitete und erweiterte Auflage 1978

© 1978 Betriebswirtschaftlicher Verlag Dr. Th. Gabler, Wiesbaden

© 1976 Westdeutscher Verlag GmbH, Opladen
Umschlaggestaltung: Hanswerner Klein, Opladen
Gesamtherstellung: Lengericher Handelsdruckerei. Lengerich/Westf.
Alle Rechte vorbehalten. Auch die fotomechanische Vervielfältigung des Werkes (Fotokopie, Mikrokopie) oder von Teilen daraus bedarf der vorherigen Zustimmung des Verlages.
ISBN 978-3-409-30791-8   ISBN 978-3-322-91723-2 (eBook)
DOI 10.1007/978-3-322-91723-2

Vorwort

Die vorliegende Arbeit ist die komprimierte Form der Habilitationsschrift des Verfassers, die dieser der Wirtschafts- und Sozialwissenschaftlichen Fakultät der Ruprecht-Karl-Universität in Heidelberg im November 1974 mit Erfolg vorgelegt hatte.

Es ist eine komprimierte Form insofern, als im Interesse der besseren Lesbarkeit längere Berechnungen reduziert und auf die Beifügung diverser Computerprogramme mit umfangreichen Ausdrucken verzichtet wurde. Gegenwärtig bereitet der Verfasser eine separate benutzerfreundliche Version dieser Computerprogramme vor.

Der Theorie-Teil dieses Buches war Gegenstand spektralanalytischer Vorlesungen, die der Verfasser im Rahmen einer Lehrstuhlvertretung an der Universität Heidelberg hielt. Bei dieser Gelegenheit wurde insbesondere § 2. dieses Buches ein wenig ausgebaut.

An dieser Stelle möchte der Verfasser verschiedene Dankespflichten erfüllen. Ohne die Unterstützung seines verehrten Lehrers und Vorgesetzten, Herrn Professor Dr. G. Menges, der den Verfasser im Jahre 1971 als Habilitanden annahm, wäre dieses Buch mit Sicherheit nicht zustandegekommen. Dem Rechenzentrum der Universität Heidelberg dankt der Verfasser für die Einrichtung einer Arbeitsnummer und die damit verbundene Gewährung von Rechenzeiten.

Heidelberg, im August 1975

Bernd Leiner

Vorwort zur 2. Auflage

Nachdem die Erstauflage der "Spektralanalyse" innerhalb kurzer Zeit vergriffen war und auch das SPSS-Computerprogramm zur multivariaten Spektralanalyse großes Interesse gefunden hat, ist in der Zweitauflage erstmals das in FORTRAN geschriebene Computerprogramm zur multivariaten Spektralanalyse enthalten.

Neben einigen Verbesserungen des ursprünglichen Manuskripts sind insbesondere die §§ 6 (Multivariate Spektralanalyse) und 7 (Filtern) erweitert worden. So erscheint mir die höhere multivariate Spektralanalyse, die sich von der bivariaten Spektralanalyse löst, als ausbaufähig. Soweit moderne Filtertechniken nicht schon in der Erstauflage enthalten waren, wurden sie in dieser Auflage neu aufgenommen. Hier ist gerade die Beziehung zu den ARIMA-Techniken zu erwähnen.

Einige in dieser Auflage aufgenommene Figuren sollen komplizierte Lagfenster bzw. Transferfunktionen veranschaulichen bzw. deren Vergleich ermöglichen.

Schließlich bietet ein Anhang mit Übungsaufgaben nunmehr die Möglichkeit zu überprüfen, wieweit man sich mit der Spektralanalyse und ihren Techniken vertraut gemacht hat.

Heidelberg, Ostern 1978

Bernd Leiner

Inhalt

THEORIE

§ 1. Die Bedeutung der spektralanalytischen Methode für
     Zeitreihenanalyse und Ökonometrie 10
§ 2. Einige Grundbegriffe 11
     2.1. Periodische Funktionen 11
     2.2. Komplexe Zahlen 15
     2.3. Die Eulersche Formel für komplexe Zahlen 18
     2.4. Einige grundlegende trigonometrische Formeln ... 20
     2.5. Stochastische Prozesse 21
     2.6. Ergodizität 24
     2.7. Schätzungen des zeitlichen Mittels und der Auto-
          kovarianzfunktion 25
§ 3. Univariate Spektralanalyse 26
     3.1. Die Spektralanalyse eines diskreten stationären
          Prozesses 26
     3.2. Das Periodogramm 35
     3.3. Lagfenster und Spektralfenster 38
     3.4. Das Rechteckfenster 39
     3.5. Das Bartlett-Fenster 41
     3.6. Das von Hann-Tukey-Fenster 42
     3.7. Das Hamming-Fenster 44
     3.8. Das Parzen-Fenster 45
     3.9. Integral über das Quadrat der Gewichtsfunktion
          der betrachteten Fenster 45
§ 4. Beurteilungsmaße 47
     4.1. Die asymptotische Erwartungstreue der geglätte-
          ten Schätzung 48
     4.2. Die Varianz der geglätteten Schätzung des Spek-
          trums 49
     4.3. Die Freiheitsgrade 51
     4.4. Die Bandbreite 54
     4.5. Die Beziehung zwischen Varianzverhältnis, Anzahl
          der Freiheitsgrade und Bandbreite 56
     4.6. Konfidenzbänder 57
§ 5. Bivariate Spektralanalyse 59
     5.1. Autokovarianzfunktionen und Kreuzkovarianzfunk-
          tionen 59
     5.2. Spektraldarstellung der Autokovarianzfunktionen
          und Kreuzkovarianzfunktionen 64
     5.3. Kospektrum und Quadratspektrum 65
     5.4. Amplitude und Phase 66
     5.5. Quadratische Kohärenz 66
     5.6. Gain 68
     5.7. Schätzfunktionen der bivariaten Spektralanalyse 68

5.8. Das Arganddiagramm 70

§ 6. Multivariate Spektralanalyse 71
 6.1. Verallgemeinerung der Autokovarianzfunktionen und Kreuzkovarianzfunktionen auf den n-dimensionalen Fall 71
 6.2. Spektraldarstellung im multivariaten Fall 72
 6.3. Weitere Verallgemeinerungen zur multivariaten Spektralanalyse 73
 6.4. Höhere multivariate Analyse 74

§ 7. Filtern 78
 7.1. Filter, Frequenz-Antwort-Funktion und Transferfunktion 78
 7.2. Prewhitening und Recoloring 82
 7.3. Filtern und bivariate Spektralanalyse 83
 7.4. Die Bildung erster Differenzen 85
 7.5. Die Bildung zweiter Differenzen 85
 7.6. Die Bildung n-ter Differenzen 87
 7.7. Die Bildung gleitender Durchschnitte 88
 7.8. Rekursive Filter 96

PRAXIS

§ 8. Empirische Untersuchungen der Industrieproduktion der BRD mittels univariater Spektralprogramme 102
 8.1. Vorbemerkungen 102
 8.2. Interpretation der Untersuchungsergebnisse der univariaten Spektralanalyse 102

§ 9. Empirische Untersuchungen der Industrieproduktion der BRD mittels multivariater Spektralprogramme 106
 9.1. Vorbemerkungen 106
 9.2. Interpretation der Untersuchungsergebnisse der multivariaten Spektralanalyse 106

§10. Ergänzende Betrachtungen und Untersuchungen zur multivariaten Spektralanalyse 109
 10.1. Die Wirkungsweise der polynomialen Glättung 109
 10.2. Variation des maximalen Lagabstands 111
 10.3. Kritische Anmerkungen zum fixed angle lag von Granger und Hatanaka 111
 10.4. Kohärenz und Phasenverschiebung der untersuchten Zeitreihen des Index der industriellen Nettoproduktion 114
 10.5. Signifikanztest für die quadratische Kohärenz und Konfidenzbänder für den Phasenwinkel 122

Theorie

§ 1. Die Bedeutung der spektralanalytischen Methode für Zeitreihenanalyse und Ökonometrie

Die spektralanalytische Methode dient universell der Untersuchung zyklischer Phänomene, d.h. solcher Erscheinungen, die regelmäßige oder stochastische Schwankungen oder eine Kombination derselben aufweisen. So werden spektralanalytisch untersucht[1]: optische, akustische, ozeanische, seismische sowie aerodynamische Wellen. Durch die Analyse der Struktur dieser Wellen gewinnt man Informationen über die Art ihres Ursprungs. Ein Beispiel hierfür ist die Bestimmung der chemischen Zusammensetzung der Planeten aufgrund der spektralen Zerlegung ihrer optischen Strahlung in Komponenten, die mit denen der bereits bekannten chemischen Elemente übereinstimmen.

Über die Beobachtung natürlicher Phänomene hinausgehend, eignet sich die Spektralanalyse zum Experiment. So ermitteln Geologen durch Sprengungen die Struktur der Gesteinsschichten, die sich aus der spektralen Zerlegung der verschiedenartigen Schwankungen identifizieren lassen.[2]

Die Erkenntnis, daß eine solche leistungsfähige Methode zur Untersuchung einer Vielzahl von Phänomenen geeignet ist, die der Beobachtung bzw. Messung zugänglich sind, hat sich generell durchgesetzt. Ökonomen fragen sich allerdings, ob die Spektralanalyse auch wirtschaftliche Prozesse zu durchleuchten vermag, deren Erscheinungsbild mannigfaltig ist, da sie auf den Entscheidungen zahlreicher Individuen beruhen und oft scheinbar regellos verlaufen.

Diese Frage ist sogleich beantwortet, wenn man den Ausgangspunkt der Ökonometrie akzeptiert, daß zur Untersuchung und Erklärung ökonomischer Prozesse geeignete, d.h. den Erkenntnissen der Wirtschaftstheorie entsprechende mathematische Modelle adaptiert werden müssen, deren Erklärungsgehalt statistisch nachprüfbar ist. Die Bereicherung des bisherigen Modellvorrats, der überwiegend lineare Modelle umfaßt, durch anpassungsfähigere nichtlineare Modelle, die einer spektralanalytischen Überprüfung standhalten, ist daher für den Ökonometriker willkommen, wenn man einmal von dem erforderlichen mathematischen Aufwand abstrahiert.

Gerade diese Möglichkeit der Überprüfbarkeit spricht auch für die Verwendung spektralanalytischer Methoden zur Untersuchung ökonomischer Zeitreihen. Abgesehen von einigen mathematisch fundierten Algorithmen (Methode der kleinsten Quadrate von C.F. Gauß, Norbert-Wiener-Filter), hält die Mehrzahl der Methoden der klassischen ökonomischen Zeitreihenanalyse einer mathematischen Überprüfung nicht stand. Demgegenüber können die Konsequenzen der Anwendung spektralanalytischer Methoden auf Probleme der Zeitreihenanalyse diagnostiziert und unerwünschte Nebenwirkungen vermieden werden.

Bevor auf das spektralanalytische Instrumentarium und seine
Handhabung eingegangen werden soll, empfiehlt es sich, einige
grundlegende Begriffe in Erinnerung zu bringen.

§ 2. Einige Grundbegriffe

2.1. Periodische Funktionen

Die Spektralanalyse eignet sich besonders zur Untersuchung
solcher ökonomischer Prozesse, bei denen gewisse Erscheinungen periodisch wiederkehren. Hierbei geht man zweckmäßigerweise vom Konzept der periodischen Funktion aus, welche wie
folgt definiert ist:

Eine Funktion f ist periodisch mit Periode T, wenn gilt

$$(2.1.1) \qquad f(x \pm T) = f(x) ,$$

wobei x das Urbild der Funktion ist. Entwickelt man (2.1.1)
weiter, so erhält man für ganzzahlige Vielfache von T

$$(2.1.2) \qquad f(x \pm kT) = f(x) \qquad k = 1, 2, 3, \ldots$$

f(x), das Bild der Funktion, ändert sich also nicht, wenn das
Urbild der Funktion um ein ganzzahliges Vielfaches der Periode
verschoben wird.

Beispiele: Periodische Funktionen sind die Sinus- und die Kosinusfunktion. So gilt für die Sinusfunktion mit Periode 2π

$$(2.1.3) \qquad \sin(x \pm 2\pi k) = \sin x \qquad k = 1, 2, 3, \ldots$$

Entsprechend gilt für die Kosinusfunktion mit Periode 2π

$$(2.1.4) \qquad \cos(x \pm 2\pi k) = \cos x \qquad k = 1, 2, 3, \ldots$$

Periodische Funktionen lassen sich anschaulich mit dem Einheitskreis (Kreis mit dem Radius 1) darstellen. Da der Einheitskreis den Kreisumfang 2π hat, entspricht einer Periode
von 2π ein ganzer Umlauf auf der Peripherie des Einheitskreises. Die Periode 2π wird im folgenden als Grundperiode des
Einheitskreises bezeichnet. Für die betrachteten ökonomischen
Prozesse ist ihr Analogon im Zeitbereich die Erfassungsperiode T. Letztere ist der zeitliche Abstand zwischen zwei aufeinanderfolgenden Beobachtungszeitpunkten.

Beispiele: Für Jahresdaten ist das Jahr die Erfassungsperiode
T, der die Grundperiode des Einheitskreises 2π zuzuordnen ist.
Entsprechend ist für Quartalsdaten die Erfassungsperiode T
das Quartal, für Monatsdaten ist die Erfassungsperiode T der
Monat usw.

Die bei ökonomischen Fragestellungen zu untersuchende Periode P ist ein Vielfaches der Erfassungsperiode T.

Beispiel: Man möchte mit Monatsdaten die Vierjahresschwingung untersuchen. Erfassungsperiode ist dann der Monat. Diesem ist die Grundperiode des Einheitskreises 2π zuzuordnen. Der Vierjahresschwingung ist die Kreisperiode 96π zuzuordnen, da man 48 Monatswerte für einen Durchlauf der Vierjahresschwingung benötigt.

Für spektralanalytische Aussagen spielt das Konzept der Frequenz eine fundamentale Rolle. Die Frequenz ist definiert als Kehrwert der zu untersuchenden Periode. Somit gilt für die Frequenz f

$$(2.1.5) \qquad f = \frac{1}{P} .$$

Die Frequenz gibt an, wie oft die zu untersuchende Periode sich innerhalb einer Erfassungsperiode realisiert.

Beispiele: Auf der Basis von Jahresdaten ist die Frequenz einer Halbjahresschwingung 2, d.h. 2 Schwingungen pro Jahr. Für Monatsdaten ist die Frequenz der Vierjahresschwingung 1/48, da sich nur 1/48 der Vierjahresschwingung innerhalb eines Monats realisieren kann.

Das Analogon zur Frequenz ist im Einheitskreis die Kreisfrequenz. Die Kreisfrequenz λ ist definiert durch

$$(2.1.6) \qquad \lambda = 2\pi f$$

Die Kreisfrequenz gibt an, welcher Weg auf der Peripherie des Einheitskreises während der zu untersuchenden Periode P zurückgelegt wird. Dies erkennt man unmittelbar durch Einsetzen von (2.1.5) in (2.1.6) an der Beziehung

(2.1.7) $$\lambda = \frac{2\pi}{P} \ .$$

Beispiel: Für Jahresdaten hat die Halbjahresschwingung die Kreisfrequenz $\lambda = 2\pi/2 = \pi$, da in einem halben Jahr nur die Hälfte der Peripherie des Einheitskreises durchlaufen wird.

Die zu untersuchende Periode muß mindestens doppelt so lang sein wie die Erfassungsperiode, um Schwingungen erfassen zu können.
Beispiele: Mit Jahresdaten (Erfassungsperiode also ein Jahr) können Halbjahresschwingungen oder Schwingungen kürzerer Periodizität natürlich nicht erfaßt werden. Aus Messungen der Lufttemperatur, die täglich um 12 Uhr erfolgen, lassen sich die täglichen Schwankungen der Lufttemperatur nicht ersehen.

Die zu untersuchende Periode kleinster Schwingung, die sich mit der Erfassungsperiode der Länge Δ erfassen läßt, ist die Zweiperiodenschwingung der Länge 2Δ. Ihre Frequenz ist daher 1/2, ihre Kreisfrequenz π. Diese Frequenz ist daher die größte erfaßbare Frequenz und wird als <u>Nyquistfrequenz</u> bezeichnet.
Beispiele: Für Monatsdaten entspricht der Nyquistfrequenz die Zweimonatsschwingung, für Quartalsdaten die Halbjahresschwingung, für Jahresdaten die Zweijahresschwingung.

Da wir im folgenden öfter mit der Sinus- und der Kosinusfunktion arbeiten werden, sollen deren Eigenschaften kurz dargestellt werden.

Die Sinusfunktion

(2.1.8) $$y = \sin(\lambda t) = \sin(\frac{2\pi}{P}t)$$

hat die Periode P als zu untersuchende Periode, die von der Zeit t durchlaufen wird. Der Periode P entspricht die Kreisfrequenz λ. Das Bild y der Sinusfunktion (2.1.8) schwankt zwischen -1 und +1 und nimmt den Wert Null an für $t = 0$, $P/2$, P,

3P/2, 2P, ... Das Bild der Sinusfunktion (2.1.8) läßt sich durch den Faktor A, die Amplitude, dehnen ($|A|>1$) bzw. pressen ($|A|<1$):

(2.1.9) $\qquad y = A \cdot \sin(\lambda t)$.

So hat z.B. die Sinusfunktion in (2.1.8) die Amplitude 1.

Durch die Phasenverschiebung ϕ lassen sich die Nullstellen der Sinusfunktion (2.1.8) verschieben.

Beispiel: Mit einer Phasenverschiebung um $\phi = \pi/2$ erhalten wir aus (2.1.8)

(2.1.10) $\qquad y = \sin(\lambda t + \frac{\pi}{2})$.

Allgemein läßt sich also die Sinusfunktion schreiben als

(2.1.11) $\qquad y = A \cdot \sin(\lambda t + \phi)$.

Während in (2.1.8) für die Phasenverschiebung $\phi = 0$ gilt, erhalten wir in (2.1.10) durch die Phasenverschiebung $\phi = \pi/2$ gerade die Kosinusfunktion $y = \cos(\lambda t)$. Allgemein läßt sich die Kosinusfunktion schreiben als

(2.1.12) $\qquad y = A \cdot \cos(\lambda t + \phi)$.

Die Sinusfunktion und die Kosinusfunktion sind symmetrische Funktionen. Man unterscheidet hierbei zwischen geraden und ungeraden Funktionen. Eine Funktion f ist gerade, wenn

(2.1.13) $\qquad f(-x) = f(x)$,

eine Funktion f ist ungerade, wenn

(2.1.14) $\qquad f(-x) = -f(x)$.

Die Kosinusfunktion ist gerade, denn cos(-x) = cos x. Die Sinusfunktion ist ungerade, denn sin(-x) = - sin x.

Für ökonomische Zeitreihen, die bekanntlich äquidistante Daten enthalten, ist insbesondere zu beachten: Beobachtungswerte, die durch eine periodische Funktion mit Kreisfrequenz $\lambda = 2\pi f$ approximiert werden, können ebenso durch eine periodische Funktion mit Kreisfrequenz $\lambda = 2\pi f'$ approximiert werden mit $f' = k \cdot f$, wobei k ganzzahlig ist.

Beispiel: Die Sinusfunktion

$$\sin(\frac{2\pi}{24}t) \qquad t = \text{Zeit}$$

kann für Monatsdaten zur Approximation einer Zweijahresschwingung verwendet werden. Die 24 äquidistanten Beobachtungen einer solchen vollen Schwingung lassen sich jedoch ebensogut durch

$$\sin(\frac{2\pi}{12}t), \ \sin(\frac{2\pi}{6}t), \ \sin(\frac{2\pi}{4}t), \ \sin(\frac{2\pi}{3}t) \ \text{bzw.} \ \sin(\frac{2\pi}{2}t),$$

also durch die Jahres-, Halbjahres-, Quartals-, Tertials- bzw. Zweimonatsschwingung approximieren. Diesen Effekt bezeichnet man als <u>aliasing</u>. Der Auffassung, die Kendall in seinem Buch Time Series (2. Aufl., London 1976, S. 97) vertritt, daß das Phänomen des aliasing in den meisten praktischen Fällen keine Schwierigkeiten bereitet, sollte mit Skepsis begegnet werden, wenn das Ausmaß des aliasing durch a priori Informationen bzw. durch ergänzende Untersuchungen nicht eingegrenzt werden kann. Aus diesem und einigen anderen Gründen ist daher bei der Interpretation empirischer spektralanalytischer Ergebnisse einige Vorsicht geboten.

2.2. <u>Komplexe Zahlen</u>

Während man in der Ökonometrie im allgemeinen nur reelle Zahlen verwendet, benötigt man für spektralanalytische Betrachtungen, insbesondere für die multivariate Spektralanalyse komplexe Zahlen.

Die algebraische Schreibweise der komplexen Zahl lautet

(2.2.1) $\qquad x = \alpha + i\beta$,

wobei α als Realteil und β als Imaginärteil bezeichnet werden und i die Zahl ist (imaginäre Einheit), deren Quadrat -1 ergibt

(2.2.2) $\qquad i^2 = -1$.

Ändert man in (2.2.1) das Vorzeichen des Imaginärteils, so erhält man die Konjugierte der komplexen Zahl x:

(2.2.3) $\qquad x^{\ast} = \alpha - i\beta$.

Komplexe Zahlen lassen sich graphisch mit der komplexen Ebene darstellen, wobei der Realteil einer komplexen Zahl auf der Abszisse und ihr Imaginärteil mittels der Einheit i auf der Ordinate abgetragen werden. Damit ist die komplexe Zahl x ein Punkt dieser komplexen Ebene mit den Koordinaten (α,β). Für β= 0 erhalten wir aus der komplexen Zahl x wieder die reelle Zahl x = α.

Für die trigonometrische Schreibweise der komplexen Zahl x verwendet man die Polarkoordinaten des Punktes x, nämlich den Abstand vom Nullpunkt des komplexen Koordinatensystems r und den Drehwinkel φ. Somit ist r der (absolute) Betrag der komplexen Zahl x, der definiert ist als

(2.2.4) $\qquad r = |x| = \sqrt{(\alpha + i\beta)(\alpha - i\beta)} = \sqrt{\alpha^2 + \beta^2}$.

φ ist der Arkustangens von $\frac{\beta}{\alpha}$, wobei

(2.2.5) $\qquad tg\ \phi = \frac{\beta}{\alpha} \leftrightarrow Arc\ tg\ \frac{\beta}{\alpha} = \phi$, da der Arkustangens die inverse Funktion des Tangens ist.

Gleichermaßen läßt sich die komplexe Zahl x in der trigonometrischen Schreibweise mit Hilfe des Kosinus und des Sinus darstellen. Wegen

(2.2.6) $\qquad \cos \phi = \dfrac{\alpha}{r} \quad$ und $\quad \sin \phi = \dfrac{\beta}{r}$

erhalten wir aus (2.2.1)

(2.2.7) $\qquad x = r(\cos \phi + i \sin \phi)$.

Schließlich läßt sich die komplexe Zahl noch in der Exponentialform schreiben als

(2.2.8) $\qquad x = r\, e^{i\phi}$,

wobei e die Basis der natürlichen Logarithmen ist. (2.2.8) geht aus (2.2.7) hervor, wenn man die Eulersche Formel für komplexe Zahlen (auf die wir sogleich eingehen)

(2.2.9) $\qquad e^{i\phi} = \cos \phi + i \sin \phi$

einsetzt.

Wegen

(2.2.10) $\qquad e^{-i\phi} = \cos \phi - i \sin \phi$

sind auch folgende Formen der Konjugierten äquivalent:

(2.2.11) $\quad x^{*} = \alpha - i\beta \; ; \; x^{*} = r(\cos \phi - i \sin \phi) \; ; \; x^{*} = r\, e^{-i\phi}$.

Auch für die komplexe Ebene existiert ein Einheitskreis, auf dem alle Punkte liegen, deren Betrag 1 ist, d.h. für die gilt

(2.2.12) $\qquad r = |x| = 1$.

2.3. Die Eulersche Formel für komplexe Zahlen

Entwickelt man eine Funktion f(x) nach Potenzen von x

(2.3.1) $\quad f(x) = a_0 + a_1 x + a_2 x^2 + a_3 x^3 + \ldots$,

so erhält man für beliebig oft differenzierbares f(x) die Ableitungen

$$f^{(1)}(x) = a_1 + 2a_2 x + 3a_3 x^2 + \ldots$$

$$f^{(2)}(x) = 2a_2 + 6a_3 x + \ldots$$

$$f^{(3)}(x) = 6a_3 + \ldots$$

$$\vdots$$

und daher

$$f^{(n)}(0) = n! a_n \quad ,$$

woraus man durch Einsetzen in (2.3.1) die Mac Laurinsche Reihe erhält:

(2.3.2) $\quad f(x) = f(0) + \dfrac{x}{1!} f^{(1)}(0) + \dfrac{x^2}{2!} f^{(2)}(0) + \ldots$

$$= \sum_{n=0}^{\infty} \frac{x^n}{n!} f^{(n)}(0) \quad .$$

Für die Funktion $f(x) = e^x$ ergibt jede Ableitung an der Stelle x=0 den Wert $e^0 = 1$, so daß wir mit (2.3.2) erhalten:

(2.3.3) $\quad e^x = 1 + \dfrac{x}{1!} + \dfrac{x^2}{2!} + \dfrac{x^3}{3!} + \dfrac{x^4}{4!} + \ldots$

$$= \sum_{n=0}^{\infty} \frac{x^n}{n!} \quad .$$

Ersetzen wir das Argument x dieser Exponentialfunktion durch ix, so erhalten wir

(2.3.4) $\quad e^{ix} = 1 + \frac{ix}{1!} + \frac{(ix)^2}{2!} + \frac{(ix)^3}{3!} + \frac{(ix)^4}{4!} + \ldots$

$\qquad\qquad = 1 + i\frac{x}{1!} - \frac{x^2}{2!} - i\frac{x^3}{3!} + \frac{x^4}{4!} + - - + \ldots$,

wegen $i^2 = -1$, $i^3 = -i$, $i^4 = 1, \ldots$

Für die Sinusfunktion $f(x) = \sin x$ lauten die Ableitungen (Siehe hierzu auch (2.4.8) und (2.4.9))

$f^{(0)}(x) = \sin x$; $f^{(1)}(x) = \cos x$; $f^{(2)}(x) = -\sin x$;

$f^{(3)}(x) = -\cos x$; $f^{(4)}(x) = \sin x \quad$ usw.,

so daß

$f^{(0)}(0) = 0$; $f^{(1)}(0) = 1$; $f^{(2)}(0) = 0$; $f^{(3)}(0) = -1$;

$f^{(4)}(0) = 0 \quad$ usw. in (2.3.2) eingesetzt werden kann und daher:

(2.3.5) $\quad \sin x = \frac{x}{1!} - \frac{x^3}{3!} + \frac{x^5}{5!} - \frac{x^7}{7!} + - \ldots$

Für die Kosinusfunktion $f(x) = \cos x$ lauten die Ableitungen

$f^{(0)}(x) = \cos x$; $f^{(1)}(x) = -\sin x$; $f^{(2)}(x) = -\cos x$;

$f^{(3)}(x) = \sin x$; $f^{(4)}(x) = \cos x \quad$ usw.,

so daß

$f^{(0)}(0) = 1$; $f^{(1)}(0) = 0$; $f^{(2)}(0) = -1$; $f^{(3)}(0) = 0$;

$f^{(4)}(0) = 1 \quad$ usw. in (2.3.2) eingesetzt werden kann und daher:

(2.3.6) $\cos x = 1 - \dfrac{x^2}{2!} + \dfrac{x^4}{4!} - \dfrac{x^6}{6!} +- \ldots$

Durch Vergleich von (2.3.4) mit (2.3.5) und (2.3.6) gewinnen wir die Eulersche Gleichung für komplexe Zahlen:

(2.3.7) $e^{ix} = \cos x + i \sin x$.

Wegen

(2.3.8) $e^{-ix} = \cos x - i \sin x$

gilt

(2.3.9) $\dfrac{1}{2}(e^{ix} + e^{-ix}) = \cos x$

und

(2.3.10) $\dfrac{1}{2}(e^{ix} - e^{-ix}) = i \sin x$.

2.4. Einige grundlegende trigonometrische Formeln[3]

In diesem Abschnitt sind einige Formeln zusammengestellt, die im folgenden Verwendung finden:

(2.4.1) $\sin^2 x + \cos^2 x = 1$

(2.4.2) $\operatorname{tg} x = \dfrac{\sin x}{\cos x}$

(2.4.3) $\sin(x \pm y) = \sin x \cos y \pm \cos x \sin y$

(2.4.4) $\cos(x \pm y) = \cos x \cos y \mp \sin x \sin y$

(2.4.5) $\sin x \sin y = \dfrac{1}{2}[\cos(x-y) - \cos(x+y)]$

(2.4.6) $\cos x \cos y = \dfrac{1}{2}[\cos(x-y) + \cos(x+y)]$

(2.4.7) $\quad \sin x \cos y = \frac{1}{2}[\sin(x-y) + \sin(x+y)]$

(2.4.8) $\quad \frac{d \sin(ax)}{dx} = a \cos(ax)$

(2.4.9) $\quad \frac{d \cos(ax)}{dx} = - a \sin(ax)$

(2.4.10) $\quad \frac{d e^{ax}}{dx} = a e^{ax}$

(2.4.11) $\quad \int \sin(ax) dx = - \frac{1}{a} \cos(ax)$

(2.4.12) $\quad \int \cos(ax) dx = \frac{1}{a} \sin(ax)$

(2.4.13) $\quad \int e^{ax} dx = \frac{1}{a} e^{ax}$

2.5. Stochastische Prozesse[4]

Unter einem stochastischen Prozeß versteht man ganz allgemein eine Familie von Zufallsvariablen. Wir müssen also auf dem Begriff der Zufallsvariablen aufbauen.

Eine Zufallsvariable X bildet den Stichprobenraum Ω eindeutig in die Menge der reellen Zahlen $\mathbb{R}$ ab

(2.5.1) $\quad X : \Omega \to \mathbb{R}$.

Nun ist ein stochastischer Prozeß eine meßbare Menge X von numerischen Funktionen $X(t,\omega)$

(2.5.2) $\quad X = \{X(t,\omega); t \in T, \omega \in \Omega\}$,

wobei nunmehr jede dieser Funktionen sowohl auf dem Parameterraum Ω als auch auf dem Raum der Zeit T definiert ist. Der Raum der Zeit wird ebenfalls als reell angenommen.

Für einen festen Zeitpunkt t erhalten wir aus (2.5.2) die Menge der Stichprobenfunktionen zu diesem Zeitpunkt

(2.5.3) $\quad X(\omega|t) = \{X(t,\omega); \omega \in \Omega\ |t\}$.

$X(\omega|t)$ ist nur noch auf dem Parameterraum definiert.

Für ein festes Stichprobenelement ω erhalten wir aus (2.5.2) die Menge der Funktionen der Zeit für dieses Stichprobenelement ω

(2.5.4) $\quad X(t|\omega) = \{X(t,\omega); t \in T\ |\omega\}$.

Man kann also einen stochastischen Prozeß als eine Menge von Stichprobenfunktionen begreifen, deren zeitlicher Verlauf explizit berücksichtigt wird.

Die Zufallsvariable $X(t|\omega)$, im folgenden vereinfachend geschrieben als $X(t)$, ist durch ihre Verteilungsfunktion

(2.5.5) $\quad F_t(x) = P[X(t) \leq x]$

hinreichend charakterisiert, wobei x die Realisation der Zufallsvariablen ist.

Ein aus nur zwei Zufallsvariablen $X(t_1)$ und $X(t_2)$ bestehender stochastischer Prozeß ist charakterisiert durch die zweidimensionale gemeinsame Verteilungsfunktion

(2.5.6) $\quad F_{t_1,t_2}(x_1,x_2) = P[X(t_1) \leq x_1, X(t_2) \leq x_2]$.

Allgemein ist ein n-dimensionaler stochastischer Prozeß X_n

(2.5.7) $\quad X_n = \{X(t_1), X(t_2), \ldots, X(t_n)\}$

charakterisiert durch seine gemeinsame Verteilungsfunktion

(2.5.8) $\quad F_{t_1,\ldots,t_n}(x_1,\ldots,x_n) = P[X(t_1) \leq x_1, \ldots, X(t_n) \leq x_n]$.

Wir können somit jeden n-dimensionalen stochastischen Prozeß durch seine gemeinsame Verteilungsfunktion beschreiben.

Die eindimensionale Verteilungsfunktion $F_t(x)$ besitzt folgende Eigenschaften:

1. $0 \leq F_t(x) \leq 1$ mit $F_t(-\infty) = 0$ und $F_t(+\infty) = 1$,

2. $F_t(x)$ ist stetig, zumindest rechtsseitig stetig und

3. $F_t(x)$ ist monoton nicht-fallend.

Für n-dimensionale Verteilungsfunktionen müssen darüberhinaus noch die Eigenschaften der Symmetrie und der Kompatibilität erfüllt sein. Symmetrie liegt vor, wenn

(2.5.9) $\quad F_{t_{\sigma_1},\ldots,t_{\sigma_n}}(x_{\sigma_1},\ldots,x_{\sigma_n}) = F_{t_1,\ldots,t_n}(x_1,\ldots,x_n)$,

wobei $\sigma_1,\ldots,\sigma_n$ eine beliebige Permutation von n Elementen ist. Die Symmetrieeigenschaft besagt, daß die Reihenfolge der Argumente der gemeinsamen Verteilungsfunktion irrelevant ist. So gilt für die gemeinsame Verteilungsfunktion zweier Zufallsvariablen

(2.5.10) $\quad F_{t_2,t_1}(x_2,x_1) = F_{t_1,t_2}(x_1,x_2)$.

Kompatibilität liegt vor, wenn für m<n

(2.5.11) $F_{t_1,\ldots,t_n}(x_1,\ldots,x_m,\infty,\ldots,\infty) = F_{t_1,\ldots,t_m}(x_1,\ldots,x_m)$.

Die Kompatibilitätseigenschaft besagt, daß die marginale(ebenfalls gemeinsame) Verteilungsfunktion, die man durch Integration über den gesamten Bereich von n-m Räumen von Zufallsvariablen erhält, mit der m-dimensionalen(gemeinsamen) Verteilungsfunktion übereinstimmt. So gilt für zwei Zufallsvariablen

(2.5.12)
$$F_{t_1,t_2}(x_1,\infty) = F_{t_1}(x_1)$$
$$F_{t_1,t_2}(\infty,x_2) = F_{t_2}(x_2) ,$$

d.h. hier stimmen die marginalen Verteilungsfunktionen von $X(t_1)$ bzw. $X(t_2)$ mit den eindimensionalen Verteilungsfunktionen von $X(t_1)$ bzw. $X(t_2)$ überein.

Ausgehend von dem Konzept der Verteilungsfunktionen wird in der Zeitreihenanalyse des öfteren Stationarität gefordert. Es lassen sich zwei Arten von Stationarität unterscheiden:

Ein stochastischer Prozeß ist streng stationär, wenn für seine n-dimensionale gemeinsame Verteilungsfunktion gilt

(2.5.13) $F_{t_1,\ldots,t_n}(x_1,\ldots,x_n) = F_{t_1+\tau,\ldots,t_n+\tau}(x_1,\ldots,x_n)$

mit $|\tau| = 0, 1, 2, \ldots$, also

(2.5.14) $P[X(t_1)\leq x_1,\ldots,X(t_n)\leq x_n]=P[X(t_1+\tau)\leq x_1,\ldots,X(t_n+\tau)\leq x_n]$.

Bei strenger Stationarität ist damit die gemeinsame Verteilungsfunktion invariant gegenüber einer Verschiebung um τ Perioden entlang der Zeitachse. Für streng stationäre stochastische Prozesse muß daher die gemeinsame Verteilungsfunktion zeitlich invariant sein.

Die Realitätsadäquanz der strengen Stationarität dürfte gering sein, weswegen man sich in der Praxis mit der Forderung nach schwacher Stationarität begnügt. Da die schwache Stationarität nur die ersten beiden Momente der gemeinsamen Verteilungsfunktion restringiert, wird sie auch als Stationarität zweiter Ordnung bezeichnet. Hierbei wird lediglich gefordert

(2.5.15) $E[X(t)] = \mu < \infty$

und

(2.5.16) $E\{[X(t)-\mu][X(t+\tau)-\mu]\}=Cov[X(t),X(t+\tau)]=\gamma(\tau) < \infty$.

Der Erwartungswert soll also endlich und zeitstabil, die Autokovarianzfunktion soll endlich und lediglich eine Funktion des Betrages des zeitlichen Abstands τ zwischen den Zufallsvariablen X(t) und X(t+τ) sein. Für τ=0 impliziert (2.5.16) die Forderung nach einer endlichen, zeitunabhängigen Varianz.

Liegt Stationarität vor, so gilt für die Autokorrelationsfunktion

$$(2.5.17) \quad \rho[X(t),X(t+\tau)] = \frac{Cov[X(t),X(t+\tau)]}{\sigma_{X(t)} \cdot \sigma_{X(t+\tau)}}$$

wegen (2.5.15) und (2.5.16) zu

$$(2.5.18) \quad \rho[X(t),X(t+\tau)] = \frac{\gamma(\tau)}{\gamma(0)} = \rho(\tau) \quad ,$$

d.h. die Autokorrelationsfunktion ist ebenfalls eine Funktion des Betrages von τ.

2.6. Ergodizität

Unter der Ergodizität eines stochastischen Prozesses versteht man allgemein die Möglichkeit des Rückschlusses von einer endlichen Zeitreihe und den aus ihr berechneten Stichprobenmomenten auf die unbekannten Momente der Population. Für die ersten beiden Momente eines diskreten Prozesses bedeutet dies, daß der Stichprobenmittelwert bzw. die Autokovarianzen der Stichprobe gegen den Mittelwert bzw. die Autokovarianzen der Population konvergieren. Üblicherweise wird hierbei Konsistenz im Mittel (convergence in mean square) für Stichprobenmittelwert und die Autokovarianzen der Stichprobe gefordert.

Wir wollen uns hier nur kurz mit der Mittelwertergodizität auseinandersetzen [5]. Das zeitliche Mittel

$$(2.6.1) \quad \hat{\mu}_T = \frac{1}{T} \sum_{t=1}^{T} X(t)$$

weist vom Mittelwert der Population μ folgende quadratische Abweichung auf

$$(2.6.2) \quad E[(\hat{\mu}_T-\mu)^2] = E\{[\frac{1}{T} \sum_{t=1}^{T} X(t) - \mu]^2\} \quad ,$$

was nach einiger Rechnerei ergibt

$$(2.6.3) \quad E[(\hat{\mu}_T-\mu)^2] = \frac{1}{T} \sum_{\tau=-T+1}^{T-1} (1 - \frac{|\tau|}{T})\gamma(\tau) \quad .$$

Daraus bestimmt man

$$(2.6.4) \quad \lim_{T \to \infty} T\{E[(\hat{\mu}_T-\mu)^2]\} = \sum_{\tau=-\infty}^{\infty} \gamma(\tau) \quad .$$

Damit ist $\hat{\mu}_T$ dann und nur dann eine im Mittel konsistente – und somit ergodische – Schätzung für μ, wenn

(2.6.5) $\quad \lim\limits_{T \to \infty} E[(\hat{\mu}_T - \mu)^2] = 0$,

was wegen (2.6.3) und (2.6.4) äquivalent ist mit

(2.6.6) $\quad \lim\limits_{T \to \infty} \dfrac{1}{T} \sum\limits_{\tau=-T+1}^{T-1} \gamma(\tau) = 0$.

Die entsprechende Bedingung für die Autokovarianzergodizität lautet

(2.6.7) $\quad \lim\limits_{T \to \infty} \dfrac{1}{T+1} \sum\limits_{\tau=0}^{T} |\gamma(\tau)|^2 = 0$.

Hierbei ist zu berücksichtigen, daß die Momente bis zur vierten Ordnung existieren müssen [6].

2.7. Schätzungen des zeitlichen Mittels und der Autokovarianzfunktion

Die erwartungstreue und konsistente Schätzung für μ ist der Stichprobenmittelwert

(2.7.1) $\quad \bar{x} = \dfrac{1}{T} \sum\limits_{t=1}^{T} x_t$,

wobei die x_t ($t=1,\ldots,T$) die Realisationen sind.

Für die Schätzung der Autokovarianzfunktion existieren zwei Varianten. Die bislang nur von Granger und Hatanaka verwendete Schätzung [7]

(2.7.2) $\quad \tilde{\gamma}(\tau) = \dfrac{1}{T-\tau} \sum\limits_{t=1}^{T-\tau} (x_t - \bar{x})(x_{t+\tau} - \bar{x})$

ist für festes τ konsistent und erwartungstreu, jedoch nicht positiv semidefinit. Eine Schätzung, die negativ definit sein kann, läßt jedoch eine sinnvolle Interpretation spektralanalytischer Untersuchungsergebnisse nicht zu, wenn negative Frequenzbeiträge resultieren.
Zudem besitzt die Schätzung $\tilde{\gamma}(\tau)$ eine größere Varianz als die alternative Schätzung

(2.7.3) $\quad \hat{\gamma}(\tau) = \dfrac{1}{T} \sum\limits_{t=1}^{T-\tau} (x_t - \bar{x})(x_{t+\tau} - \bar{x})$,

so daß sich (2.7.3) in der Praxis durchgesetzt hat. $\hat{\gamma}(\tau)$ ist
ebenfalls für festes τ konsistent und damit asymptotisch erwartungstreu. Auf die Erwartungstreue muß bei Verwendung von
(2.7.3) verzichtet werden, dafür ist die Schätzung nach (2.7.3)
positiv semidefinit.

§ 3. Univariate Spektralanalyse

3.1. Die Spektralanalyse eines diskreten stationären Prozesses

Den Zeitreihen ökonomischer Variablen entspricht modelltheoretisch der diskrete stochastische Prozeß, den wir den nachfolgenden Betrachtungen zugrunde legen wollen. Wir verwenden hierbei das allgemeine Konzept der Zufallsfolge komplexer Zahlen
$\{X_t\}$ und beginnen mit einer Analogie.[8]

Bekanntlich kann man n reelle Realisationen einer Zufallsfolge
durch ein gewöhnliches Polinom (n-1)-ten Grades darstellen,
z.B. in der reellen Ebene zwei Punkte durch eine Gerade (Polynom ersten Grades), drei Punkte durch eine Parabel (Polynom
zweiten Grades), vier Punkte durch eine kubische Parabel (Polynom dritten Grades) usw. Somit kann man die Elemente X_t einer
Zufallsfolge reeller Zahlen durch das Polynom

$$(3.1.1) \quad \hat{X}_t = \sum_{j=0}^{k} \alpha_j t^j$$

approximiert werden. Die Approximation wird bei einer beliebigen Folge reeller Zahlen um so besser sein, je höher der Polynomgrad k ist, jedoch ist mit höherem Polynomgrad eine größere
Anzahl von Parametern α_j zu schätzen. Dies führt zu einem Antagonismus zwischen Schätzgenauigkeit und Spezifikation (nämlich des Polynomgrades).

Analog lautet die Approximation einer Zufallsfolge komplexer
Zahlen X_t mit Periode 2π

$$(3.1.2) \quad \hat{X}_t = \sum_{j=0}^{k} a_j e^{i\lambda_j t} = \sum_{j=0}^{k} a_j [\cos(\lambda_j t) + i \sin(\lambda_j t)] \quad ,$$

wobei die λ_j (j=0,1,...,k) die Kreisfrequenzen sind.

Die Approximation der Elemente dieser Zufallsfolge komplexer
Zahlen geschieht also durch ein trigonometrisches Polynom. Wie
das gewöhnliche Polynom, das aus einer Summe von Polynomen aufsteigender Ordnung besteht, baut sich ein trigonometrisches
Polynom aus der Summe von trigonometrischen Polynomen aufsteigender Ordnung auf. Ausgehend von einer Nullfrequenz λ_0 für
Schwingungen mit unendlicher Periode, werden die Erklärungsbei-

träge immer höherer Frequenzen aufsummiert bis zur höchsten gewünschten Frequenz λ_k.

Der unmittelbare Vorteil dieser trigonometrischen Darstellung erwächst aus dem Einsatz periodischer Funktionen, deren Zyklen sich wiederholen. Da in ökonomischen Prozessen offenkundig Zyklen vorhanden sind, wären für deren Darstellung mit gewöhnlichen Polynomen zu hohe Polynomgrade erforderlich. Damit müßten einerseits zu viele Parameter α_j (j=0,1,...,k) geschätzt werden und andererseits würde bei der Prognose das gewöhnliche Polynom außerhalb des Beobachtungszeitraums keine periodenähnliche Gestalt aufweisen und wegen des hohen Polynomgrades sehr schnell divergieren.

Betrachten wir nun das trigonometrische Polynom etwas genauer. X_t wird durch eine Reihe von sinus- und kosinusförmigen Schwingungen mit Kreisfrequenzen λ_j (j=0,1,...,k) approximiert, wobei diese Schwingungen sich additiv überlagern. Für vorgegebene Kreisfrequenzen λ_j wird die Variation der Zufallsfolge $\{X_t\}$ eingefangen durch die Amplituden a_j (j=0,1,...,k), die den Status von Zufallsvariablen haben. Über die Amplituden werden folgende vereinfachenden Annahmen getroffen:

(3.1.3)
$$E(a_j) = 0$$
$$Var(a_j) = E(a_j a_j^x) = \sigma_j^2 \qquad j = 0, 1, \ldots, k$$
$$Cov(a_j, a_{j'}^x) = E(a_j a_{j'}^x) = 0 \qquad j,j' = 0, 1, \ldots, k \quad j \neq j'$$

Die Amplituden a_j haben somit den Erwartungswert Null und die Varianz σ_j^2. Für die Varianz ist zu beachten, daß die Varianz einer komplexen Zahl Z mit Hilfe der Konjugierten Z^x gebildet wird: $Var(Z) = E\{[Z-E(Z)][Z^x-E(Z^x)]\}$.

Bei Gültigkeit von (3.1.3) erhalten wir aus (3.1.2) für den Erwartungswert von (3.1.2)

(3.1.4) $$E(\hat{X}_t) = E(\sum_{j=0}^{k} a_j e^{i\lambda_j t}) = \sum_{j=0}^{k} E(a_j e^{i\lambda_j t})$$
$$= \sum_{j=0}^{k} e^{i\lambda_j t} E(a_j) = 0$$

und entsprechend $E(\hat{X}_t^x) = 0$.

Die Autokovarianz τ-ter Ordnung der komplexen Zahl X_t erhalten wir wie folgt:

Gemäß (3.1.3) sollen die Amplituden miteinander nicht korreliert sein. Bei der Bildung der Kovarianz komplexer Zahlen Z und Y^{x} ist zu beachten: $Cov(Z,Y^{x})=E\{[Z-E(Z)][Y^{x}-E(Y^{x})]\}$. Wir erhalten somit wegen (3.1.4)

$$(3.1.5) \quad Cov(\hat{X}_t, \hat{X}^x_{t+\tau}) = E(\hat{X}_t \hat{X}^x_{t+\tau})$$

$$= E[(\sum_{j=0}^{k} a_j e^{i\lambda_j t})(\sum_{j'=0}^{k} a^x_{j'} e^{-i\lambda_j(t+\tau)})]$$

$$= \sum_{\substack{j=0 \\ j=j'}}^{k} \sum_{j'=0}^{k} \underbrace{E(a_j a^x_{j'})}_{=\sigma_j^2} e^{i\lambda_j t - i\lambda_j(t+\tau)}$$

$$+ \sum_{\substack{j=0 \\ j\neq j'}}^{k} \sum_{j'=0}^{k} \underbrace{E(a_j a^x_{j'})}_{=0} e^{i\lambda_j t - i\lambda_j(t+\tau)}$$

$$= \sum_{j=0}^{k} \sigma_j^2 e^{-i\lambda_j \tau} \quad .$$

Für $\tau=0$ erhalten wir aus (3.1.5) die Varianz von $\hat{X}_t$ mit

$$(3.1.6) \quad Var(\hat{X}_t) = E(\hat{X}_t \hat{X}^x_t) = \sum_{j=0}^{k} \sigma_j^2 \quad .$$

Damit ergibt sich die Gesamtvarianz der komplexen Zufallsvariablen $\hat{X}_t$ aus der Summe der k+1 Amplitudenvarianzen der Kreisfrequenzen λ_j (j=0,1,...,k). Dies entspricht formal dem Konzept der Varianzzerlegung von k+1 voneinander unabhängigen Varianzkomponenten.

Analog der Kumulierung der Wahrscheinlichkeitsmasse einer Wahrscheinlichkeitsverteilung einer diskreten Zufallsvariablen zur Verteilungsfunktion wird hier die Gesamtvariation von X_t durch Kumulierung der Varianzbeiträge σ_j^2 entlang der Frequenzachse gewonnen. Die Kumulierungsfunktion ist auch hier eine Treppenfunktion, da wir im betrachteten diskreten Fall von einer endlichen Anzahl von Kreisfrequenzen λ_j ausgegangen sind.

Da in der vorhandenen spektralanalytischen Literatur überwiegend der kontinuierliche Fall betrachtet wird, möchte ich anhand einer auf Yaglom[9] zurückführenden Darstellung hier den Übergang vom diskreten zum kontinuierlichen Fall aufzeigen.

Das trigonometrische Polynom

(3.1.2) $\hat{X}_t = \sum_{j=0}^{k} a_j e^{i\lambda_j t}$ $k \to \infty$

konvergiert im Mittel (convergence in mean square) gegen die komplexe Zufallsvariable X_t, wenn für beliebig kleines $\varepsilon > 0$ und jedes t aus einem vorgegebenen Intervall $I = [-T,T]$ gilt

(3.1.7) $E|X_t - \sum_{j=0}^{k} a_j e^{i\lambda_j t}|^2 < \varepsilon$.

Wie bereits aus der Wahrscheinlichkeitstheorie bekannt, impliziert die Konvergenz im Mittel die Konvergenz in Wahrscheinlichkeit, d.h. es existiert für ein $\varepsilon > 0$ ein $\eta > 0$, so daß

(3.1.8) $P\{|X_t - \sum_{j=0}^{k} a_j e^{i\lambda_j t}| < \varepsilon\} > 1 - \eta$.

Werden nun ε und η immer kleiner gewählt, so muß der Polynomgrad erhöht werden. Dies bewirkt, daß in einem beliebig kleinen vorgegebenen Kreisfrequenzintervall $\Delta_j \lambda$ eine zunehmende Anzahl von Kreisfrequenzen λ_j zu liegen kommt. Die Summe der Amplituden a_j, die den Kreisfrequenzen λ_j im Intervall $\Delta_j \lambda$ zugeordnet sind, ist dann eine Zufallsvariable, die wir nachfolgend mit $Z(\Delta_j \lambda)$ bezeichnen.

Verringert man in dem Intervall $\Delta_j \lambda = [-\Lambda, \Lambda]$ den Abstand benachbarter Kreisfrequenzen, so erhält man im Grenzübergang

(3.1.9) $\lim_{\max|\lambda_j - \lambda_{j-1}| \to 0} \sum_{j=0}^{k} e^{i\lambda_j t} Z(\Delta_j \lambda) = \int_{-\Lambda}^{\Lambda} e^{i\lambda t} Z(d\lambda)$.

Wächst nun das Frequenzintervall $[-\Lambda, \Lambda]$ über alle Grenzen (und damit der Grad des trigonometrischen Polynoms), so gilt

(3.1.10) $\lim_{\Lambda \to \infty} \int_{-\Lambda}^{\Lambda} e^{i\lambda t} Z(d\lambda) = \int_{-\infty}^{\infty} e^{i\lambda t} Z(d\lambda)$.

Wenn wir dann die Zufallsintervallfunktion $Z(d\lambda)$ in eine Zufallspunktfunktion $Z(\lambda) = Z([-\infty, \lambda])$ überführen - man sieht die Analogie zur Verteilungsfunktion - so erhalten wir das Fourier-Stieltjes-Integral einer komplexen Zufallsvariablen X_t

$$(3.1.11) \quad X_t = \int_{-\infty}^{\infty} e^{i\lambda t} dZ(\lambda) \quad .$$

Auf (3.1.11) aufbauend, wird der kontinuierliche Fall in der zumeist technisch orientierten spektralanalytischen Literatur entwickelt.

Wie im diskreten Fall sind auch im kontinuierlichen Fall einige vereinfachende Annahmen erforderlich. Sie lauten

$$(3.1.12) \quad \begin{aligned} E[dZ(\lambda)] &= 0 \quad \text{für alle } \lambda \in [-\pi, \pi] \\ E[dZ(\lambda)dZ^{x}(\lambda')] &= \begin{cases} 0 & \text{für } \lambda \neq \lambda' \\ dF(\lambda) & \text{für } \lambda = \lambda' \end{cases} \end{aligned}$$

Bei Gültigkeit von (3.1.12) erhalten wir aus (3.1.11) für den Erwartungswert der komplexen Zufallsvariablen X_t

$$(3.1.13) \quad E(X_t) = E \int_{-\infty}^{\infty} e^{i\lambda t} dZ(\lambda) = \int_{-\infty}^{\infty} e^{i\lambda t} E[dZ(\lambda)] = 0 \quad .$$

Aus (3.1.11), (3.1.12) und (3.1.13) gewinnen wir die spektrale Darstellung der Autokovarianzfunktion

$$(3.1.14) \quad \begin{aligned} \text{Cov}(X_t, X_{t+\tau}^{x}) &= E(X_t X_{t+\tau}^{x}) \\ &= E[\int_{-\infty}^{\infty} e^{i\lambda t} dZ(\lambda) \int_{-\infty}^{\infty} e^{-i\lambda'(t+\tau)} dZ^{x}(\lambda')] \\ &= \int_{-\infty}^{\infty} e^{-i\lambda \tau} dF(\lambda) \end{aligned}$$

und hieraus für $\tau = 0$

$$(3.1.15) \quad \text{Var}(X_t) = \int_{-\infty}^{\infty} dF(\lambda) \quad .$$

Somit erhält man im kontinuierlichen Fall die Gesamtvarianz von X_t durch Integration der Kumulierungsfunktion über den gesamten Frequenzbereich.

Für stationäre Zufallsfolgen ist zu beachten, daß t eine ganze Zahl ist, so daß wegen

$e^{i(\lambda+2\pi k)t} = e^{i\lambda t}$ λ nur bis auf eine additive Konstante $2\pi k$, also ein Vielfaches von 2π, bestimmbar ist. Der Hauptwert dieser Funktion liegt daher im Intervall $[-\pi,\pi]$. Hieraus ergibt sich die Einschränkung, daß für stationäre Zufallsfolgen nur im Intervall $[-\pi,\pi]$ integriert wird.

Somit erhalten wir für stationäre Zufallsfolgen die Fourier-Stieltjes-Darstellung von X_t

$$(3.1.16) \quad X_t = \int_{-\pi}^{\pi} e^{i\lambda t} dZ(\lambda)$$

und die spektrale Darstellung der Autokovarianzfunktion

$$(3.1.17) \quad \text{Cov}(X_t, X_{t+\tau}^*) = \int_{-\pi}^{\pi} e^{-i\lambda\tau} dF(\lambda)$$

Aus dem komplexen Fall erhalten wir die Darstellung einer reellen Zufallsvariablen wie folgt.

Wir gehen aus von der Fourier-Stieltjes-Darstellung für stationäre Zufallsfolgen (3.1.16) mit der spektralen Darstellung der stationären Autokovarianzfunktion $\gamma(\tau)$ nach (3.1.17) und berücksichtigen hierbei die nur für den Spezialfall der reellen Prozesse gültigen Symmetrieeigenschaften

$$(3.1.18) \quad \gamma(-\tau) = \gamma(\tau) \; ; \; dF(-\lambda) = dF(\lambda) \; ; \; dZ^*(-\lambda) = dZ(\lambda) \quad .$$

Man zerlegt nun die komplexe Zufallsvariable $2Z(\lambda)$ in ihren Realteil und Imaginärteil

$$(3.1.19) \quad Z(\lambda) = \frac{1}{2}[u(\lambda) - i\, v(\lambda)] \quad ,$$

wobei $u(\lambda)$ und $v(\lambda)$ reellwertige Funktionen sind mit

$$(3.1.20) \quad du(-\lambda) = du(\lambda) \quad \text{und} \quad dv(-\lambda) = -dv(\lambda) \quad ,$$

also $du(\lambda)$ eine gerade und $dv(\lambda)$ eine ungerade Funktion sind (Bildet man den Erwartungswert durch Integration über dem Intervall $[-\pi,\pi]$, so ist nach wie vor $E[dZ(\lambda)]=0$ erfüllt).

Die sodann getroffenen Annahmen sind Spezialisierungen der allgemeineren Annahme für den komplexen Fall (3.1.12):

$$E\{[du(\lambda)]^2\} = E\{[dv(\lambda)]^2\} = 2dF(\lambda) \text{ für } \lambda \in (0,\pi)$$

(3.1.21) $\quad E\{[du(0)]^2\} = dF(0)$

$$E\{[du(\pi)]^2\} = dF(\pi)$$

$$E\{[du(\lambda)][dv(\lambda')]\} = 0 \text{ für alle } \lambda,\lambda' \in [0,\pi]$$

Damit erhalten wir aus (3.1.16) wegen (3.1.19)

(3.1.22) $\quad X_t = \frac{1}{2} \int_{-\pi}^{\pi} [\cos(\lambda t) + i \sin(\lambda t)][du(\lambda) - i \, dv(\lambda)]$

$$= \frac{1}{2} \int_{-\pi}^{\pi} \cos(\lambda t) du(\lambda) - \frac{1}{2} i \int_{-\pi}^{\pi} \cos(\lambda t) dv(\lambda)$$

$$+ \frac{1}{2} i \int_{-\pi}^{\pi} \sin(\lambda t) du(\lambda) + \frac{1}{2} \int_{-\pi}^{\pi} \sin(\lambda t) dv(\lambda) \quad .$$

Da das Produkt einer ungeraden Funktion mit einer geraden Funktion eine ungerade Funktion ist und bei einer ungeraden Funktion das Integral über dem Intervall [-π,0] das entgegengesetzte Vorzeichen hat wie das Integral über dem Intervall [0,π], verschwinden in (3.1.22) die imaginären Ausdrücke und wir erhalten

(3.1.23) $\quad X_t = \frac{1}{2} \int_{-\pi}^{\pi} \cos(\lambda t) du(\lambda) + \frac{1}{2} \int_{-\pi}^{\pi} \sin(\lambda t) dv(\lambda) \quad ,$

wobei das Produkt einer geraden Funktion mit einer geraden Funktion eine gerade Funktion und das Produkt einer ungeraden Funktion mit einer ungeraden Funktion ebenfalls eine gerade Funktion ergibt. Für eine gerade Funktion stimmt das Integral über dem Intervall [-π,0] mit dem Integral über dem Intervall [0,π] überein und wir erhalten aus (3.1.23)

(3.1.24) $\quad X_t = \int_{0}^{\pi} \cos(\lambda t) du(\lambda) + \int_{0}^{\pi} \sin(\lambda t) dv(\lambda) \quad .$

Zur Herleitung der spektralen Darstellung der Autokovarianzfunktion im reellen Fall gehen wir der Einfachheit halber sofort von deren spektraler Darstellung für komplexe stationäre Zufallsfolgen aus:

(3.1.17) $\quad \gamma(\tau) = \int_{-\pi}^{\pi} e^{-i\lambda\tau} dF(\lambda)$

$$= \int_{-\pi}^{\pi} \cos(\lambda\tau)dF(\lambda) - i \int_{-\pi}^{\pi} \sin(\lambda\tau)dF(\lambda) \quad .$$

Da $dF(\lambda)$ eine gerade Funktion und $\sin(\lambda\tau)$ eine ungerade Funktion sind, entfällt wieder der imaginäre Ausdruck. Das Produkt der geraden Funktion $dF(\lambda)$ mit $\cos(\lambda\tau)$ ist eine gerade Funktion, so daß wir wegen der geraden Symmetrie erhalten

$$(3.1.25) \quad \gamma(\tau) = \int_{-\pi}^{\pi} \cos(\lambda\tau)dF(\lambda) = \int_{0}^{\pi} \cos(\lambda\tau)dG(\lambda) \quad ,$$

wobei

$$dG(\lambda) = 2dF(\lambda) \quad \text{für} \quad \lambda \in (0,\pi) \quad ,$$

$$dG(0) = dF(0) \quad \text{und}$$

$$dG(\pi) = dF(\pi) \quad .$$

Die spektrale Darstellung der <u>Autokorrelationsfunktion</u> stationärer Zufallsfolgen entwickeln wir folgendermaßen.

Ausgehend von

$$(3.1.17) \quad \gamma(\tau) = \int_{-\pi}^{\pi} e^{-i\lambda\tau} dF(\lambda)$$

erhalten wir für $\tau=0$ die Gesamtvarianz

$$(3.1.18) \quad Var(X_t) = \gamma(0) = \int_{-\pi}^{\pi} dF(\lambda) = \sigma^2 \quad .$$

Da für den stationären stochastischen Prozeß im komplexen Fall $Var(X_t) = Var(X^{*}_{t+\tau})$, lautet die spektrale Darstellung der Autokorrelationsfunktion

$$(3.1.26) \quad \rho[X_t, X^{*}_{t+\tau}] = \frac{Cov(X_t, X^{*}_{t+\tau})}{\sqrt{Var(X_t) \cdot Var(X^{*}_{t+\tau})}} = \frac{\int_{-\pi}^{\pi} e^{-i\lambda\tau} dF(\lambda)}{\int_{-\pi}^{\pi} dF(\lambda)}$$

$$= \frac{1}{\sigma^2} \int_{-\pi}^{\pi} e^{-i\lambda\tau} dF(\lambda) \quad .$$

Durch diese Normierung hat die Funktion $F_N(\lambda) = F(\lambda)/\sigma^2$ (das N deutet die Normierung an) die Eigenschaften einer Verteilungsfunktion und wird daher als <u>spektrale Verteilungsfunktion</u> bezeichnet.

Wie jede Verteilungsfunktion kann $F_N(\lambda)$ in drei Bestandteile zerlegt werden

(3.1.27) $F_N(\lambda) = F_1(\lambda) + F_2(\lambda) + F_3(\lambda)$.

Hierbei ist $F_1(\lambda)$ eine absolut stetige Funktion [10]; es existiert also deren erste Ableitung d $F_1(\lambda)/d\lambda = f(\lambda)$; $F_2(\lambda)$ ist eine Treppenfunktion, die durch die Kumulierung diskreter Frequenzbeiträge entsteht; $F_3(\lambda)$ ist die singuläre Komponente, d.h. eine stetige Funktion, deren erste Ableitung fast überall verschwindet. Die singuläre Komponente kann daher vernachlässigt werden. Für absolut stetige stationäre Prozesse gilt daher $F_N(\lambda) = F_1(\lambda)$, für diskrete stationäre Prozesse $F_N(\lambda) = F_2(\lambda)$ und für eine Mischung aus absolut stetigen und diskreten stationären Prozessen betrachtet man $F_N(\lambda) = F_1(\lambda) + F_2(\lambda)$.

Ist die spektrale Verteilungsfunktion absolut stetig und enthält sie keine streng periodische Komponente der Art $F_2(\lambda)$, so lautet im komplexen Fall die spektrale Darstellung der Autokorrelationsfunktion

(3.1.28) $$\rho(\tau) = \int_{-\pi}^{\pi} e^{-i\lambda\tau} f(\lambda) d\lambda \ .$$

Hierbei ist $f(\lambda)$ eine stetige Funktion mit beschränkter Variation im Intervall $[-\pi,\pi]$, die aufgrund der Normierung von $F_N(\lambda)$ auch <u>spektrale Dichtefunktion</u> genannt wird.

Aus der spektralen Darstellung der Autokorrelationsfunktion erhält man durch Fouriertransformation [11] für die spektrale Dichtefunktion

(3.1.29) $f(\lambda) = \dfrac{1}{2\pi} \sum_{\tau=-\infty}^{\infty} e^{i\lambda\tau} \rho(\tau)$,

d.h. spektrale Dichtefunktion und Autokorrelationsfunktion sind ein Paar von Fouriertransformierten.

Für die nicht normierte Funktion $F(\lambda)$ ist folgendes zu beachten: Im absolut stetigen Fall gilt $dF(\lambda) = \overline{f}(\lambda)d\lambda$. Im Unterschied zur spektralen Dichtefunktion wird die nicht normierte Funktion $\overline{f}(\lambda)$ als Spektrum bezeichnet. Das Spektrum erhält man durch Fouriertransformation aus der Autokovarianzfunktion

$$(3.1.30) \quad \bar{f}(\lambda) = \frac{1}{2\pi} \sum_{\tau=-\infty}^{\infty} e^{i\lambda\tau} \gamma(\tau) \quad,$$

d.h. Spektrum und Autokovarianzfunktion sind ebenfalls ein Paar von Fouriertransformierten.

3.2. Das Periodogramm
Zur Schätzung des unbekannten Spektrums kann man das Periodogramm verwenden, das auf Sir Arthur Schuster(1898) zurückgeht. Die Formel für das Periodogramm lautet

$$(3.2.1) \quad I_T(\lambda) = \frac{2}{T} \left| \sum_{t=1}^{T} x_t e^{i\lambda t} \right|^2 \quad,$$

wobei die x_t ($t=1,\ldots,T$) die Realisationen der Zufallsvariablen X_t sind.

Aus (3.2.1) erhalten wir

$$(3.2.2) \quad I_T(\lambda) = \frac{2}{T} \left(\sum_{t=1}^{T} x_t e^{i\lambda t} \right) \left(\sum_{t'=1}^{T} x_{t'}^{*} e^{-i\lambda t'} \right)$$

$$= \frac{2}{T} \sum_{t=1}^{T} \sum_{t'=1}^{T} x_t x_{t'}^{*} e^{i\lambda(t-t')} \quad.$$

Setzen wir $t'=t+\tau$, so erhalten wir

$$(3.2.3) \quad I_T(\lambda) = \frac{2}{T} \sum_{t=1}^{T} \sum_{t+\tau=1}^{T} x_t x_{t+\tau}^{*} e^{-i\lambda\tau}$$

$$= 2 \sum_{t=1}^{T} \left(\frac{1}{T} \sum_{\tau=-t+1}^{T} x_t x_{t+\tau}^{*} e^{-i\lambda\tau} \right) \quad.$$

Unter der Annahme, daß X_t einer stationären Zufallsfolge mit Erwartungswert Null entstammt, erhalten wir als Erwartungswert von $I_T(\lambda)$

$$(3.2.4) \quad E[I_T(\lambda)] = \frac{2}{T} \sum_{t=1}^{T} \left(\sum_{\tau=-t+1}^{T} \gamma(\tau) e^{-i\lambda\tau} \right) \quad.$$

Entwickelt man (3.2.4) nach dem ersten Summenzeichen, so gilt

$$(3.2.5) \quad E[I_T(\lambda)] = \frac{2}{T} \left(\sum_{\tau=0}^{T} \gamma(\tau) e^{-i\lambda\tau} + \ldots + \sum_{\tau=-T+1}^{T} \gamma(\tau) e^{-i\lambda\tau} \right) \quad.$$

Nach einiger Rechnerei erhalten wir hieraus

$$(3.2.6) \quad E[I_T(\lambda)] = 2 \cdot \sum_{\tau=-T+1}^{T-1} (1 - \frac{|\tau|}{T})\gamma(\tau)e^{-i\lambda\tau} \quad .$$

Für über alle Grenzen wachsenden Stichprobenumfang gilt wegen $\gamma(\tau)=\gamma(-\tau)$ und wegen (3.1.30)

$$(3.2.7) \quad \lim_{T\to\infty} E[I_T(\lambda)] = 2 \cdot \sum_{\tau=-\infty}^{\infty} \gamma(\tau)e^{-i\lambda\tau} = 4\pi\overline{f}(\lambda) \quad .$$

Somit ist das Periodogramm unter den getroffenen Annahmen nur dann eine asymptotisch erwartungstreue Schätzung des Spektrums, wenn es noch mit dem Korrekturfaktor $1/4\pi$ bereinigt wird.

Multipliziert man also (3.2.1) mit $1/4\pi$, so erhält man das modifizierte Periodogramm.

Die Formel für das Periodogramm (3.2.1) läßt sich umformen zu

$$(3.2.8) \quad I_T(\lambda) = \frac{2}{T} |\sum_{t=1}^{T} x_t \cos(\lambda t) + i \sum_{t=1}^{T} x_t \sin(\lambda t)|^2$$

$$= \frac{2}{T} [\sum_{t=1}^{T} x_t \cos(\lambda t) + i \sum_{t=1}^{T} x_t \sin(\lambda t)] \cdot$$

$$\cdot [\sum_{s=1}^{T} x_s^{\mathbf{x}} \cos(\lambda s) - i \sum_{s=1}^{T} x_s^{\mathbf{x}} \sin(\lambda s)]$$

$$= \frac{2}{T} \{ [\sum_{t=1}^{T} x_t \cos(\lambda t)][\sum_{s=1}^{T} x_s^{\mathbf{x}} \cos(\lambda s)] + [\sum_{t=1}^{T} x_t \sin(\lambda t)] \cdot$$

$$\cdot [\sum_{s=1}^{T} x_s^{\mathbf{x}} \sin(\lambda s)] + i \sum_{t=1}^{T} \sum_{s=1}^{T} x_t x_s^{\mathbf{x}} [\sin(\lambda t)\cos(\lambda s) -$$

$$-\cos(\lambda t)\sin(\lambda s)] \}$$

$$= \frac{2}{T} \{ |\sum_{t=1}^{T} x_t \cos(\lambda t)|^2 + |\sum_{t=1}^{T} x_t \sin(\lambda t)|^2 \} \quad ,$$

der imaginäre Teil entfällt hierbei wegen $\sin(\lambda t)\cos(\lambda s) - \cos(\lambda t)\sin(\lambda s) = \sin[\lambda(t-s)]$; Ausdrücke dieser Art in der Doppelsumme entfallen für $t=s$ wegen $\sin 0 = 0$ und da es zu jedem $t>s$ ein $s>t$ gleichen Betrages gibt, so daß sich die Sinusterme gegenseitig aufheben wegen $\sin[\lambda(t-s)]=-\sin[\lambda(s-t)]$.

Das Periodogramm ist nicht konsistent im Mittel, da seine Varianz asymptotisch nicht gegen Null konvergiert.

Die höheren Momente der Verteilung des Periodogramms sind kompliziert, da das Periodogramm eine quadratische Form von endlichen Fouriertransformationen ist. Grenander u. Szegö(1958) haben das Verteilungsgesetz der Spektralschätzung für den Spezialfall eines normalverteilten diskreten Prozesses untersucht. Hannan(1960) berechnet die Varianz des Periodogramms für unabhängige Zufallsvariable X_t mit Varianz σ^2 und vierter Semiinvarianter κ_4 mit[12]

$$(3.2.9) \quad \text{Var}[I_T(\lambda)] = \begin{cases} 4\sigma^4 + \dfrac{4\kappa_4}{T} + \dfrac{4\sigma^4}{T^2} \cdot \dfrac{\sin^2(\lambda T)}{\sin^2 \lambda} & \text{für } \lambda \neq 0 \\ 8\sigma^4 + \dfrac{4\kappa_4}{T} & \text{für } \lambda = 0 \end{cases}$$

Wir sehen, daß selbst für den Spezialfall unabhängiger Zufallsvariablen die Varianz des Periodogramms einen konstanten Teil (nämlich $4\sigma^4$ für $\lambda \neq 0$ bzw. $8\sigma^4$ für $\lambda = 0$) enthält, der also asymptotisch nicht verschwindet.

Fishman(1969) vereinfacht den von Hannan untersuchten Spezialfall durch die Annahme $\sigma^2 = 1$, läßt den konventionellen Faktor 2 des Periodogramms außer acht und erhält dann für die Varianz [13]

$$(3.2.10) \quad \text{Var}[\tfrac{1}{2}I_T(\lambda)] = \begin{cases} 1 + \dfrac{\kappa_4}{T} + \dfrac{\sin^2(\lambda T)}{T^2 \sin^2 \lambda} & \text{für } \lambda \neq 0 \\ 2 + \dfrac{\kappa_4}{T} & \text{für } \lambda = 0 \end{cases}$$

Auch dieses Periodogramm ist nicht konsistent im Mittel, da die Varianz asymptotisch von Null verschieden ist.

Dhrymes(1970) zeigt, daß auch das modifizierte Periodogramm nicht konsistent im Mittel ist[14].

Ein weiterer Nachteil des Periodogramms besteht darin, daß Schätzungen des Spektrums nur für bestimmte Perioden bzw. Frequenzen möglich sind. Das modelltheoretische Äquivalent hierzu ist die Suche nach sogenannten hidden periodicities. Hierbei wird vermutet, daß gewisse feststehende Periodizitäten wegen Überlagerungen zwar nicht im Zeitbereich, wohl aber nach Vornahme der Fouriertransformation im Frequenzbereich entdeckt werden können. Hierbei besteht immer die Gefahr, daß die im Periodogramm enthaltenen Kreisfrequenzen gerade die gesuchte Kreisfrequenz verfehlen - wenn es eine solche feste Kreisfrequenz überhaupt gibt. Im ökonomischen Bereich hat ein solches deterministisches Modell geringe Chancen auf Verwirklichung. So ermittelte eine von Beveridge(1922) durchgeführte Untersuchung der Weizenpreise in Westeuropa etwa 20 solcher versteckter Periodizitäten, deren Interpretation Zweifel weckte.

Es lag daher nahe, von fixierten Frequenzen zu Frequenzbändern überzugehen, indem man durch Gewichtung die spektrale Masse benachbarter Frequenzen bei der Schätzung berücksichtigte.

3.3. Lagfenster und Spektralfenster

Wie wir gesehen haben, führt die Periodogrammanalyse nicht zu konsistenten Schätzungen der spektralen Dichtefunktion. Es gibt nun zwei Wege, zu konsistenten Schätzungen zu gelangen:

(1) Man glättet das Korrelogramm (den Graph der Korrelationsfunktionen) mittels bestimmter gleitender Durchschnitte (Lagfenster). Damit wird gewissermaßen die Autokorrelationsfunktion, deren Argument die zeitliche Verzögerung(lag) ist, an einem Lagfenster noch zu bestimmender Art vorbeigeführt.

(2) Alternativ läßt sich die Spektralschätzung als Fouriertransformierte des Korrelogramms mit der Fouriertransformierten des Lagfensters, dem Spektralfenster, multiplizieren.

Da es sich bei (1) und (2) um Operationen mit Paaren von Fouriertransformierten handelt, ist das Ergebnis formal übereinstimmend.

Allgemein können für Lagfenster $L(\tau)$ folgende wünschenswerten Eigenschaften gefordert werden:

(3.3.1)
$$L(-\tau) = L(\tau)$$
$$L(\tau) = 0 \quad \text{für} \quad |\tau| > T_m$$
$$L(\tau) \leq L(0) \quad \text{für} \quad |\tau| \leq T_m \quad .$$

Hierbei ist T_m der maximale Lagabstand, der die Funktion eines Stutzungsparameters hat, also angibt, bis zu welchem Lag sich das Lagfenster erstreckt. Somit ist das Lagfenster eine Gewichtsfunktion, die dem Wert der Autokorrelationsfunktion an der betrachteten Stelle im Zeitbereich (bei einer Verschiebung um τ Perioden von der Ausgangsperiode t) das Gewicht $L(\tau)$ zuteilt. Weiterhin soll das Lagfenster gemäß (3.3.1) symmetrisch bezüglich $\tau=0$ sein. Das Lagfenster gibt ansonsten nur innerhalb des durch den maximalen Lagabstand vorgegebenen Bereichs den Werten der Autokorrelationsfunktion ein von Null verschiedenes Gewicht. Der Stutzungsbereich ist meist erheblich kürzer als der Beobachtungszeitraum . Im Stutzungsbereich wird das Gewicht $L(0)$ von den anderen Gewichten $L(\tau)$ nicht überschritten.

Es sollen nun die bekanntesten Lagfenster mit ihren Spektralfenstern dargestellt werden.

3.4. Das Rechteckfenster

Das Rechteckfenster, auch Einheitsfenster genannt, hat folgende stutzende Gewichtsfunktion

$$(3.4.1) \quad L_R(\tau) = \begin{cases} 1 & \text{für} \quad |\tau| \leq T_m \\ 0 & \text{für} \quad |\tau| > T_m \end{cases},$$

wobei der Index R für Rechteckfenster steht.

Die Autokorrelationswerte $\rho(t+|\tau|)$, für deren zeitliche Verschiebung $|\tau|$ gilt $|\tau| \leq T_m$, werden mit vollem Gewicht 1 berücksichtigt, dagegen werden die Autokorrelationswerte, für deren zeitliche Verschiebung gilt $|\tau| > T_m$, außer acht gelassen.

Für den diskreten Fall erhält man durch Summierung über den gesamten Bereich das gesamte vom Rechtecklagfenster verteilte Gewicht:

$$(3.4.2) \quad \sum_{\tau=-\infty}^{\infty} L_R(\tau) = \sum_{\tau=-T_m}^{T_m} L_R(\tau) = 2T_m + 1 .$$

Für den kontinuierlichen Fall ist das Integral über das Rechtecklagfenster gleich der Fläche des Rechtecks mit Breite 1 und Länge $2T_m$

$$(3.4.3) \quad \int_{-\infty}^{\infty} L_R(\tau)d\tau = 2T_m .$$

Im Unterschied zum diskreten Fall hat ein Randpunkt als Punkt bei der kontinuierlichen Verteilung $L_R(\tau)$ das Gewicht Null.

Für den diskreten Fall wollen wir aus dem Lagfenster das Spektralfenster zum Rechteckfenster herleiten. Wir erhalten das Spektralfenster durch Fouriertransformation

$$(3.4.4) \quad S_R(\lambda) = \frac{1}{2\pi} \sum_{\tau=-\infty}^{\infty} L_R(\tau) e^{-i\lambda\tau} = \frac{1}{2\pi} \sum_{\tau=-T_m}^{T_m} e^{-i\lambda\tau}$$

$$= \frac{1}{2\pi}[1+(e^{i\lambda}+e^{-i\lambda})+\ldots+(e^{i\lambda T_m}+e^{-i\lambda T_m})]$$

$$= \frac{1}{2\pi}[1+2\cos\lambda +\ldots+2\cos(\lambda T_m)]$$

$$= \frac{1}{2\pi\sin(\frac{\lambda}{2})}[\sin(\frac{\lambda}{2}) +2\sin(\frac{\lambda}{2})\cos\lambda +\ldots+2\sin(\frac{\lambda}{2})\cdot$$

$$\cdot\cos(\lambda T_m)] = \frac{\sin[(2T_m+1)\lambda/2]}{2\pi\sin(\lambda/2)} ,$$

- 40 -

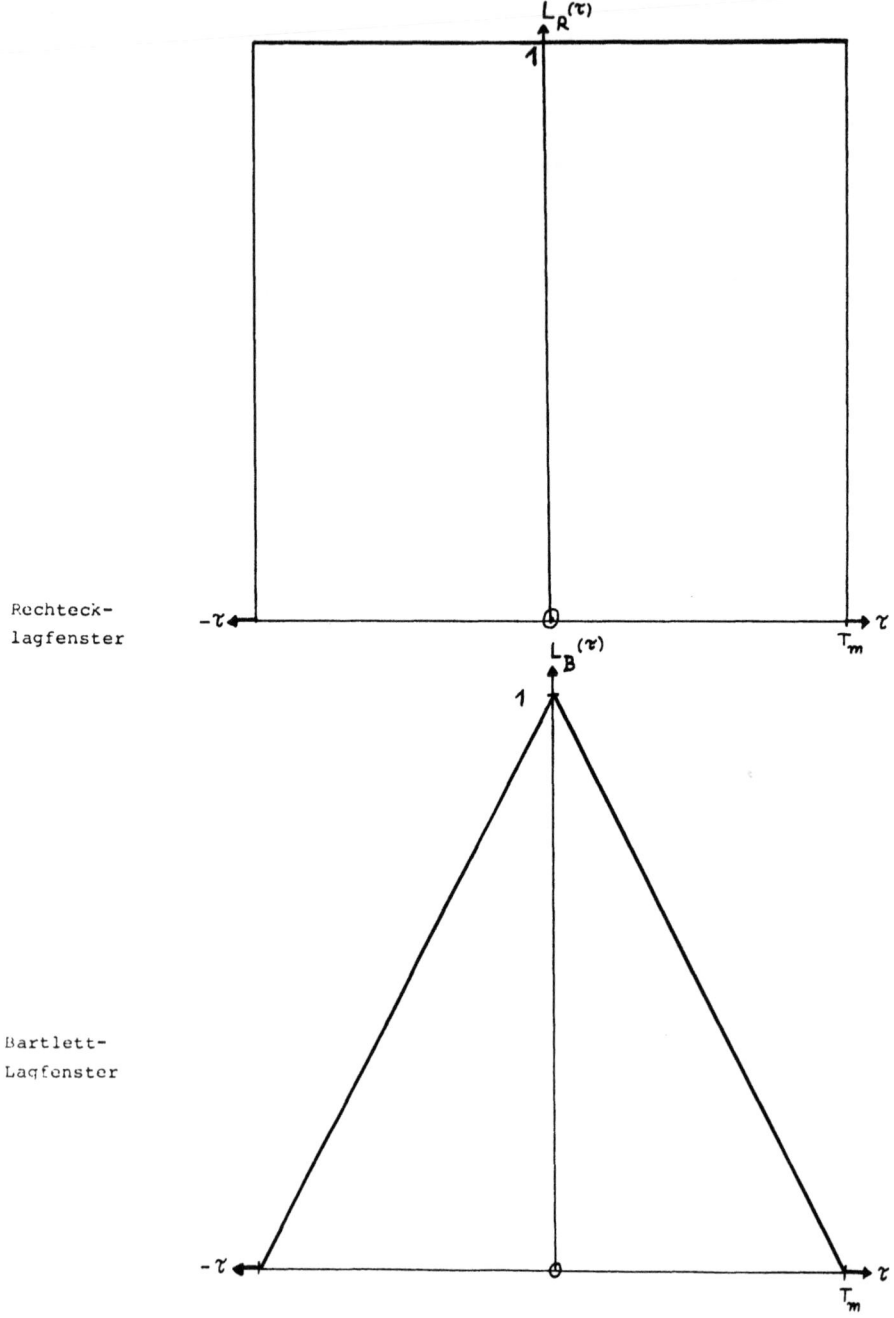

Rechteck-
lagfenster

Bartlett-
Lagfenster

da nach Verwendung von (2.4.7) in der eckigen Klammer alle Ausdrücke bis auf $\sin[(2T_m+1)\lambda/2]$ entfallen.[15]

Dieses Spektralfenster zum Rechtecklagfenster besitzt folgende Nachteile:

Einerseits weist das Spektralfenster auch negative Werte auf, so daß eine Glättung des Periodogramms mit diesem Spektralfenster zu negativen geglätteten Schätzwerten der spektralen Dichtefunktion führen kann. Dies widerspricht jedoch der Nichtnegativität der spektralen Zerlegung und damit zugleich einer sinnvollen Interpretation der den Frequenzbändern zuzuordnenden Beiträge zur Gesamtvariation.

Andererseits weist das Spektralfenster zum Rechtecklagfenster neben dem Hauptmaximum bei $\lambda=0$ zahlreiche Nebenmaxima und negative Minima auf, deren Oszillation mit zunehmender Frequenz zwar gegen Null konvergiert, in der Nähe des Hauptmaximums jedoch spürbare Ausschläge besitzt. Wird dieses Spektralfenster auf eines der ökonomisch relevanten Periodogramme mit mehreren Maxima angewandt, so kann der Variationsbeitrag einer Frequenz schon dann unzulässig verstärkt werden, wenn diese Nachbarfrequenz der Frequenz eines der Maxima ist. Wegen dieser Nachteile kann das Rechtecklagfenster, ebenso wie sein Spektralfenster, zur Glättung des Periodogramms nicht empfohlen werden.

3.5. Das Bartlett-Fenster

Dieses von M.S. Bartlett(1950) vorgeschlagene Lagfenster hat folgende dreieckige Gewichtsfunktion

$$(3.5.1) \quad L_B(\tau) = \begin{cases} 1 - \dfrac{|\tau|}{T_m} & \text{für } |\tau| \leq T_m \\ 0 & \text{für } |\tau| > T_m \end{cases}$$

Im Gegensatz zur Stutzung mit dem Rechtecklagfenster erhalten nicht alle berücksichtigten Autokorrelationswerte das gleiche Gewicht, sondern ein Autokorrelationswert erhält im relevanten Bereich ein um so geringeres Gewicht, je größer die zeitliche Verschiebung gegenüber dem betrachteten Zeitpunkt t ist. Für $\tau=0$ nimmt das Bartlett-Lagfenster sein Maximum $L_B(0)=1$ an. Es werden T_m lags (und natürlich auch T_m leads) berücksichtigt. Die Gewichtsfunktion fällt linear mit zunehmendem lag bzw. lead, bis sie bei $|\tau|=T_m$ den Wert Null erreicht, den sie für $|\tau|>T_m$ beibehält.

Für den diskreten Fall ergibt die Summierung über den gesamten Bereich des Bartlett-Lagfensters

$$(3.5.2) \quad \sum_{\tau=-\infty}^{\infty} L_B(\tau) = \sum_{\tau=-T_m}^{T_m} L_B(\tau)$$

$$= 1 + 2(1 - \frac{1}{T_m}) + \ldots + 2(1 - \frac{T_m}{T_m})$$
$$\underbrace{\phantom{1 + 2(1 - \frac{1}{T_m})}}_{1.} \quad \underbrace{\phantom{+ 2(1 - \frac{T_m}{T_m})}}_{T_m.}$$

$$= 1 + 2T_m - \frac{2}{T_m}(1 + \ldots + T_m)$$

$$= 1 + 2T_m - \frac{2}{T_m} \cdot \frac{(T_m + 1)T_m}{2} = T_m \quad .$$

Für den kontinuierlichen Fall ergibt die Integration über den vom Bartlettfenster überdeckten Bereich die Fläche eines Dreiecks mit der Hälfte der Fläche des Rechteckfensters

$$(3.5.3) \quad \int_{-\infty}^{\infty} L_B(\tau) d\tau = T_m \quad .$$

Da die beiden Randpunkte das Gewicht Null erhalten, kommen wir im diskreten und im kontinuierlichen Fall zum gleichen Ergebnis.

Die Durchführung der Fouriertransformation für den diskreten Fall liefert uns nach einiger Rechnerei das Spektralfenster zum Bartlett-Lagfenster

$$(3.5.4) \quad S_B(\lambda) = \frac{1}{2\pi} \sum_{\tau=-\infty}^{\infty} L_B(\tau) e^{-i\lambda\tau} = \frac{1}{2\pi T_m} \cdot \left[\frac{\sin(\frac{T_m}{2}\lambda)}{\sin(\frac{\lambda}{2})} \right]^2 \quad .$$

Das Bartlett-Lagfenster ist dem Rechtecklagefenster vorzuziehen, da das Spektralfenster zum Bartlett-Lagfenster wegen (3.5.4) offensichtlich keine negativen Werte annehmen kann. Außerdem ist es von Vorteil, daß das Bartlett-Lagfenster einem im relevanten Bereich liegenden Wert des Periodogramms mit großer zeitlicher Verschiebung gegenüber dem betrachteten Zeitpunkt nicht das volle Gewicht 1 erteilt, wie dies beim Rechtecklagfenster geschieht.

3.6. Das von Hann-Tukey-Fenster

Von dem australischen Meteorologen Julius von Hann wurde ein Lagfenster entwickelt, dessen von John W. Tukey empfohlene Anwendung den Namen "hanning" trägt. Die Gewichtsfunktion des von Hann-Tukey-Fensters lautet

$$(3.6.1) \quad L_{HT}(\tau) = \begin{cases} \frac{1}{2}(1 + \cos\frac{\pi\tau}{T_m}) & \text{für } |\tau| \leq T_m \\ 0 & \text{für } |\tau| > T_m \end{cases} \quad .$$

Dieses von Hann-Tukey-Lagfenster hat im relevanten Bereich $|\tau| \leq T_m$ für $\tau=0$ den Maximalwert $L_{HT}(0)=1$ und fällt symmetrisch

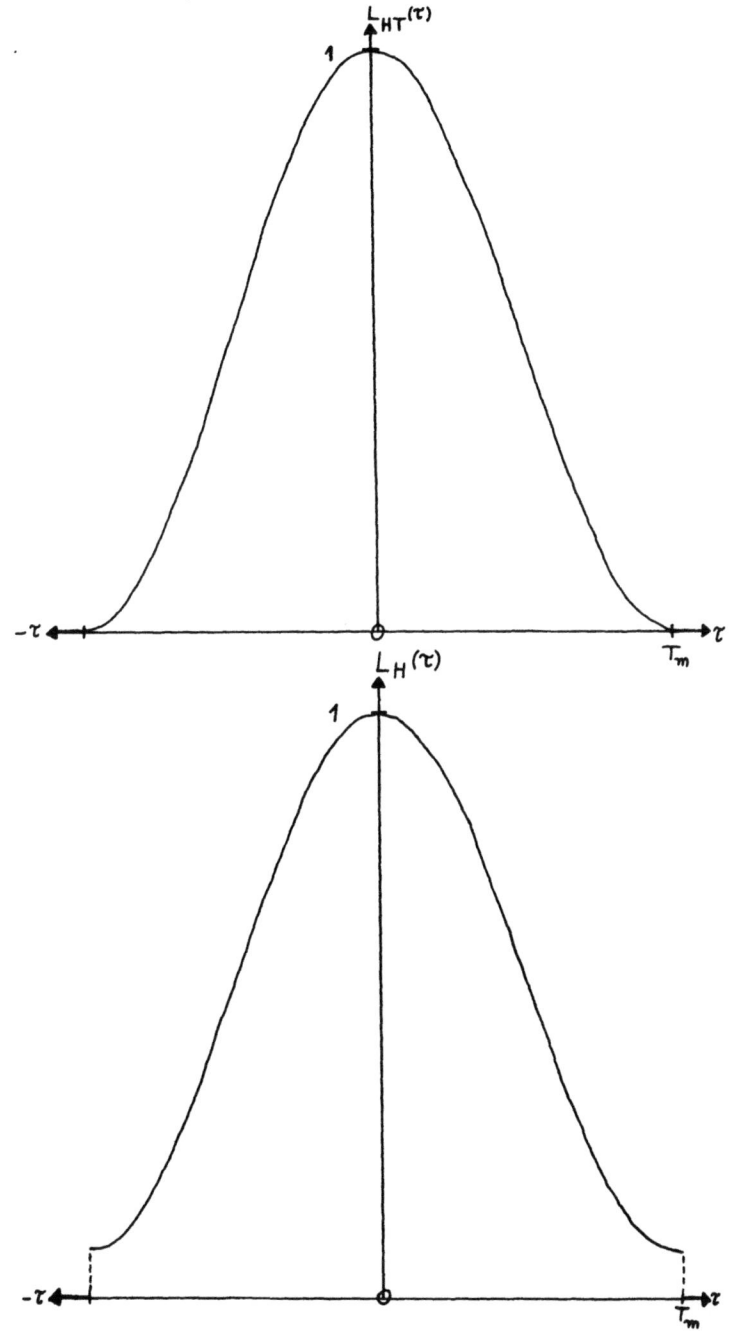

von Hann-Tukey-Lagfenster

Hamming-Lagfenster

wie das Bartlett-Lagfenster, jedoch nicht linear, bis es für $|\tau|=T_m$ den Wert Null annimmt. Da der Kosinus eine stetige Funktion ist, wird im Maximum der Knick, der beim Bartlett-Lagfenster auftritt, vermieden.

Das Integral über das von Hann-Tukey-Lagfenster ergibt

$$(3.6.2) \quad \int_{-\infty}^{\infty} L_{HT}(\tau)d\tau = \int_{-T_m}^{T_m} \frac{1}{2}(1+\cos\frac{\pi\tau}{T_m})d\tau = \frac{1}{2}[\tau+\frac{T_m}{\pi}\sin\frac{\pi\tau}{T_m}]_{-T_m}^{T_m}$$

$$= \frac{1}{2}[T_m+\frac{T_m}{\pi}\sin\pi - (-T_m)-\frac{T_m}{\pi}\sin(-\pi)] = T_m \quad ,$$

stimmt also bei vorgegebenem maximalen Lagabstand T_m mit dem Integral über dem Bartlett-Lagfenster überein.

Durch Fouriertransformation erhält man nach einiger Rechnerei das Spektralfenster zum von Hann-Tukey-Lagfenster

$$(3.6.3) \quad S_{HT}(\lambda) = \frac{1}{2\pi} \sum_{\tau=-\infty}^{\infty} L_{HT}(\tau)e^{-i\lambda\tau}$$

$$= \frac{1}{2\pi}\{\frac{1}{2}\cdot\frac{\sin(\frac{2T_m+1}{2}\lambda)}{\sin(\frac{\lambda}{2})} + \frac{1}{4}\cdot[\frac{\sin\frac{(2T_m+1)(\lambda+\frac{\pi}{T_m})}{2}}{\sin\frac{\lambda+\frac{\pi}{T_m}}{2}} + \frac{\sin\frac{(2T_m+1)(\lambda-\frac{\pi}{T_m})}{2}}{\sin\frac{\lambda-\frac{\pi}{T_m}}{2}}]\} \quad .$$

Dieses Spektralfenster weist prinzipiell die gleichen Nachteile auf wie das Spektralfenster zum Rechtecklagfenster, wenn auch in weitaus geringerem Ausmaß. So besitzt das von Hann-Tukey-Spektralfenster Nebenmaxima und negative Minima, die jedoch betragsmäßig kleiner sind als beim Rechteckfenster. Betragsmäßig am größten unter den Minima ist das Minimum unmittelbar nach dem Hauptmaximum bei $\lambda=0$, es entspricht weniger als 3% des Hauptmaximums [16].

3.7. Das Hamming-Fenster
Das von R.W. Hamming vorgeschlagene Lagfenster hat die Gewichtsfunktion

$$(3.7.1) \quad L_H(\tau) = \begin{cases} 0,54 + 0,46\cos\frac{\pi\tau}{T_m} & \text{für} \quad |\tau| \leq T_m \\ 0 & \text{für} \quad |\tau| > T_m \quad , \end{cases}$$

die sich lediglich bezüglich der Gewichtsfaktoren (0,54;0,46 statt 0,5;0,5) von der von Hann-Tukey-Gewichtsfunktion unter-

Entsprechend erhält man das Spektralfenster des Hamming-Fensters direkt aus (3.6.3), wenn man den Faktor 1/2 des ersten Ausdrucks durch 0,54 substituiert und den gemeinsamen Faktor 1/4 des zweiten und dritten Ausdrucks durch 0,23 ersetzt.

Im Vergleich mit dem Spektralfenster nach von Hann-Tukey hat das Spektralfenster nach Hamming Nebenmaxima und Minima, die betragsmäßig kleiner als 2% des Hauptmaximums sind [16]. Dafür ergibt das Integral über das Hamming-Lagfenster mit $1,08 T_m$ einen größeren Wert als T_m (Bartlett- und von Hann-Tukey-Lagfenster).

3.8. Das Parzen-Fenster
Das von Emanuel Parzen konstruierte Lagfenster hat folgende Gewichtsfunktion

$$(3.8.1) \quad L_p(\tau) = \begin{cases} 1 - 6(\frac{\tau}{T_m})^2 + 6(\frac{|\tau|}{T_m})^3 & \text{für } |\tau| \leq \frac{T_m}{2} \\ 2(1 - \frac{|\tau|}{T_m})^3 & \text{für } \frac{T_m}{2} < |\tau| \leq T_m \\ 0 & \text{für } T_m < |\tau| \end{cases}$$

Das Integral über das Parzen-Lagfenster beträgt lediglich $\frac{3}{4} T_m$.

Für vorgegebenes T_m nimmt der Wert des Parzen-Lagfensters mit zunehmendem Abstand vom Maximum bei $\tau=0$ schneller ab als das von Hann-Tukey-Lagfenster [17].

Das Spektralfenster nach Parzen lautet

$$(3.8.2) \quad S_p(\lambda) = \frac{3}{8\pi \cdot T_m^3} \left[\frac{\sin(\frac{T_m \lambda}{4})}{\sin(\frac{\lambda}{4})} \right]^4$$

und kann daher wie das Bartlett-Fenster keine negativen Werte annehmen. Darüberhinaus läßt das Spektralfenster nach Parzen im Vergleich zum Spektralfenster nach von Hann-Tukey in geringerem Maße das Durchsickern (leakage) spektraler Dichte zu.

3.9. Integral über das Quadrat der Gewichtsfunktion der betrachteten Fenster
Wenn man die Varianz der mit den Lagfenstern geglätteten Schätzungen der spektralen Dichtefunktion berechnen will, benötigt man das Integral über das Quadrat der Gewichtsfunktion der Fenster. Für die betrachteten Fenstertypen erhält man nun durch diese Integration die nachfolgenden Ergebnisse, auf die wir uns auch bei der danach anschließenden Diskussion statistischer Maßzahlen beziehen werden.

Parzen-
Lagfenster

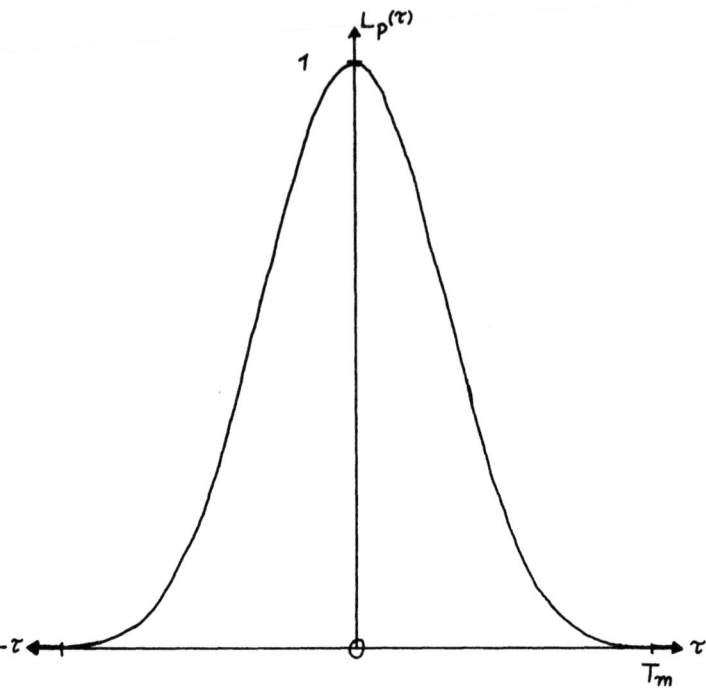

Rechteckfenster:

$$(3.9.1) \quad \int_{-\infty}^{\infty} [L_R(\tau)]^2 d\tau = \int_{-T_m}^{T_m} d\tau = 2T_m .$$

Bartlett-Fenster:

$$(3.9.2) \quad \int_{-\infty}^{\infty} [L_B(\tau)]^2 d\tau = \int_{-T_m}^{0} [(1+\frac{\tau}{T_m})^2] d\tau + \int_{0}^{T_m} [(1-\frac{\tau}{T_m})^2] d\tau = \frac{2}{3}T_m .$$

von Hann-Tukey-Fenster:

$$(3.9.3) \quad \int_{-\infty}^{\infty} [L_{HT}(\tau)]^2 d\tau = \int_{-T_m}^{T_m} \{[\frac{1}{2}(1+\cos\frac{\pi\tau}{T_m})]^2\} d\tau = \frac{3}{4}T_m .$$

Hamming-Fenster:

$$(3.9.4) \quad \int_{-\infty}^{\infty} [L_H(\tau)]^2 d\tau = \int_{-T_m}^{T_m} [(0{,}54+0{,}46\cos\frac{\pi\tau}{T_m})^2] d\tau = 0{,}7948 T_m .$$

Parzen-Fenster:

$$(3.9.5) \quad \int_{-\infty}^{\infty} [L_P(\tau)]^2 d\tau = 2 \int_{0}^{\frac{T_m}{2}} \{[1-6(\frac{\tau}{T_m})^2+6(\frac{\tau}{T_m})^3]^2\} d\tau +$$

$$+ 2 \int_{\frac{T_m}{2}}^{T_m} \{[2(1-\frac{\tau}{T_m})^3]^2\} d\tau \approx 0{,}5393 T_m .$$

§ 4. Beurteilungsmaße

Um die Güte univariater Spektralschätzungen beurteilen zu können, sind einige Beurteilungsmaße entwickelt worden, mit denen wir uns nun auseinandersetzen wollen.

Zunächst werden wir uns mit dem Kriterium der asymptotischen Erwartungstreue befassen. Hierbei sei in Erinnerung gerufen, daß das modifizierte Periodogramm asymptotisch erwartungstreu ist.

4.1. Die asymptotische Erwartungstreue der geglätteten Schätzung[18]

Die Ausführungen in den folgenden Abschnitten gelten allgemein für die betrachteten Lagfenster(Rechteck-, Bartlett-, von Hann-Tukey-, Hamming- sowie Parzen-Lagfenster), wobei die Bedingtheit durch den gewählten Lagfenstertyp durch den Index 1 angedeutet wird.

Die geglättete Schätzung des Spektrums, $\tilde{\hat{f}}_1(\lambda)$, ergibt sich aus den geschätzten Autokovarianzen(eine entsprechende Beziehung besteht zwischen der spektralen Dichtefunktion und den Autokorrelationen) durch Multiplikation mit dem Lagfenster $L_1(\tau)$ und anschließender Fouriertransformation:

$$(4.1.1) \quad \tilde{\hat{f}}_1(\lambda) = \sum_{\tau=-\infty}^{\infty} \hat{\gamma}(\tau) L_1(\tau) e^{-i\lambda\tau} .$$

Alternativ kann man $\tilde{\hat{f}}_1(\lambda)$ als Gewichtung des geschätzten Spektrums, $\hat{f}_1(\lambda)$, mit dem Spektralfenster vom Typ 1, $S_1(\lambda)$, erhalten

$$(4.1.2) \quad \tilde{\hat{f}}_1(\lambda) = \sum_{\lambda'=-\infty}^{\infty} S_1(\lambda') \hat{f}(\lambda-\lambda') .$$

Hierbei werden von einigen Fenstertypen auch Nachbarfrequenzen der betrachteten Frequenz berücksichtigt (so z.B. bei den Spektralfenstern nach von Hann-Tukey und Hamming).

Da das Spektralfenster im jeweiligen Fall fest vorgegeben ist, lautet der Erwartungswert von $\tilde{\hat{f}}_1(\lambda)$

$$(4.1.3) \quad E[\tilde{\hat{f}}_1(\lambda)] = \sum_{\lambda'=-\infty}^{\infty} S_1(\lambda') E[\hat{f}(\lambda-\lambda')]$$

Nun setzen wir $\frac{1}{4\pi} I_T(\lambda-\lambda')$ ein für $\hat{f}(\lambda-\lambda')$, d.h. das modifizierte Periodogramm wird zur Schätzung herangezogen. Da das modifizierte Periodogramm eine asymptotisch erwartungstreue Schätzung des Spektrums $\overline{f}(\lambda)$ ist, gilt

$$(4.1.4) \quad \lim_{T\to\infty} \frac{1}{4\pi} E[I_T(\lambda-\lambda')] = \overline{f}(\lambda-\lambda')$$

und somit für die auch vom Stichprobenumfang T abhängige geglättete Schätzung des Spektrums

(4.1.5) $\lim_{T\to\infty} E[\tilde{\hat{f}}_{1,T}(\lambda)] = \sum_{\lambda'=-\infty}^{\infty} S_1(\lambda')\, \bar{f}(\lambda-\lambda') = \tilde{f}_1(\lambda)$,

wobei $\tilde{f}_1(\lambda)$ das geglättete Spektrum ist. $\tilde{f}_1(\lambda)$ wird von Jenkins und Watts als mean smoothed spectrum [19] bezeichnet.

Somit ist die geglättete Schätzung des Spektrums, $\tilde{\hat{f}}_{1,T}(\lambda)$, eine asymptotisch erwartungstreue Schätzung des geglätteten Spektrums $\tilde{f}_1(\lambda)$.

4.2. Die Varianz der geglätteten Schätzung des Spektrums

Aus (4.1.2) und (4.1.3) erhalten wir für die Varianz der geglätteten Schätzung des Spektrums

(4.2.1) $\text{Var}[\tilde{\hat{f}}_1(\lambda)] = E\{\tilde{\hat{f}}_1(\lambda) - E[\tilde{\hat{f}}_1(\lambda)]\}^2$

$= E\left\{\sum_{\lambda'=-\infty}^{\infty} S_1(\lambda')\, \{\hat{\bar{f}}(\lambda-\lambda') - E[\hat{\bar{f}}(\lambda-\lambda')]\}\right\}^2$

Wie im Falle des Periodogramms erweist sich auch hier die Berechnung der Varianz als überaus kompliziert, wenn man nicht vereinfachende Annahmen trifft.

So implizieren Jenkins und Watts[20] als Inputprozeß einen white noise-Prozeß (weißes Rauschen) und erhalten damit eine Approximation, die auf den hier betrachteten diskreten Fall übertragen für die Varianz ergibt

(4.2.2) $\text{Var}[\tilde{\hat{f}}_1(\lambda)] \approx \sum_{\lambda'=-\infty}^{\infty} [S_1^2(\lambda')\frac{\bar{f}^2(\lambda')}{T}]$.

Unter der (problematischen) Annahme, daß das Spektrum $\bar{f}(\lambda')$ im Bereich des Spektralfensters glatt ist, demnach einen nahezu konstanten Verlauf aufweist, vereinfachen Jenkins und Watts die Varianz zu

(4.2.3) $\text{Var}[\tilde{\hat{f}}_1(\lambda)] \approx \frac{\bar{f}^2(\lambda)}{T} \sum_{\lambda'=-\infty}^{\infty} S_1^2(\lambda')$

und erhalten über das Parseval-Theorem

(4.2.4) $\text{Var}[\tilde{\hat{f}}_1(\lambda)] \approx \frac{\bar{f}^2(\lambda)}{T} \sum_{\tau=-\infty}^{\infty} L_1^2(\lambda)$.

Mit der weiteren Annahme, daß die Spektralschätzung auf einem normalverteilten Prozeß beruht, so daß für die Varianz der Spektralschätzung gilt

(4.2.5) $\mathrm{Var}[\hat{\bar{f}}(\lambda)] \approx \bar{f}^2(\lambda)$,

erhalten Jenkins und Watts schließlich als Verhältnis der Varianz der geglätteten Schätzung des Spektrums zur Varianz der ungeglätteten Schätzung des Spektrums

(4.2.6) $\dfrac{\mathrm{Var}[\hat{\bar{f}}_1(\lambda)]}{\mathrm{Var}[\hat{f}(\lambda)]} \approx \dfrac{1}{T} \sum_{\tau=-\infty}^{\infty} L_1^{\,2}(\tau)$.

Dieses Varianzverhältnis zeigt approximativ, wie stark die Varianz der Spektralschätzung durch die Glättung vermindert werden kann.

Wenn wir nun die Ergebnisse der Integrale über das Quadrat der Gewichtsfunktion aus Abschnitt 3.9. übernehmen, so erhalten wir durch Einsetzen in (4.2.6) für die betrachteten Fenstertypen die in Tabelle 1 aufgeführten Varianzverhältnisse.

TABELLE 1

Verhältnis der Varianz der geglätteten Schätzung des Spektrums zur Varianz der ungeglätteten Schätzung des Spektrums

Fenstertyp	Varianzverhältnis
Rechteckfenster	$2\,\dfrac{T_m}{T}$
Bartlett-Fenster	$\dfrac{2}{3}\,\dfrac{T_m}{T}$
von Hann-Tukey-Fenster	$\dfrac{3}{4}\,\dfrac{T_m}{T}$
Hamming-Fenster	$0{,}7948\,\dfrac{T_m}{T}$
Parzen-Fenster	$0{,}5393\,\dfrac{T_m}{T}$

Für ein vorgegebenes Verhältnis von maximalem Lagabstand T_m zu Stichprobenumfang T ergibt der Vergleich der verschiedenen Fenstertypen:

Für das Rechteckfenster ist das Varianzverhältnis am größten, d.h. durch die Gewichtung wird die Varianz der Spektralschätzung nicht so stark reduziert wie bei den anderen Fenstertypen. Aufgrund dieses Vergleichs unterscheiden sich das Hamming-Fenster und das von Hann-Tukey-Fenster nur geringfügig. Am besten schneidet das Parzen-Fenster bei diesem Vergleich der Varianzverhältnisse ab, am zweitbesten das Bartlett-Fenster.

Ist der Stichprobenumfang T vorgegeben, so ist für alle betrachteten Fenstertypen das Varianzverhältnis direkt proportional zum zu wählenden maximalen Lagabstand T_m. Je kleiner also der maximale Lagabstand gewählt wird, um so günstiger ist das Varianzverhältnis.

Für das Rechteckfenster ergibt sich das Varianzverhältnis 1, wenn man den maximalen Lagabstand so wählt, daß er die Hälfte des Stichprobenumfangs beträgt. In diesem Extremfall bleibt die Varianz der Spektralschätzung trotz der Verwendung dieses Lagfensters unverändert. Dies erklärt sich daraus, daß keine Stutzung stattfindet: Wie aus der harmonischen Analyse bekannt ist, darf T_m nicht größer als T/2 gewählt werden, da je eine Amplitude für die Sinuskomponente und für die Kosinuskomponente geschätzt werden muß für T/2 Frequenzbeiträge. Hier stimmt die Anzahl der Beobachtungen mit der Anzahl der Parameter gerade überein.

4.3. Die Freiheitsgrade

Für die Diskussion der Anzahl der Freiheitsgrade empfiehlt sich ein kleiner Exkurs zur χ^2-Verteilung.

ν unabhängige Zufallsvariablen X_k seien identisch normalverteilt mit Mittelwert Null und Standardabweichung σ

$$(4.3.1) \quad f(x) = \frac{1}{\sigma\sqrt{2\pi}} \cdot e^{-\frac{x^2}{2\sigma^2}}.$$

Dann ist die Summe der Quadrate dieser Zufallsvariablen eine Zufallsvariable χ_ν^2

$$(4.3.2) \quad \chi_\nu^2 = \sum_{k=1}^{\nu} X_k^2$$

mit der Dichtefunktion

$$(4.3.3) \quad f(\chi_\nu^2) = \begin{cases} \dfrac{1}{2^{\frac{\nu}{2}} \sigma^\nu \Gamma(\frac{\nu}{2})} e^{-\frac{\chi_\nu^2}{2\sigma^2}} (\chi_\nu^2)^{\frac{\nu}{2}-1} & \text{für } \chi_\nu^2 > 0 \\ 0 & \text{für } \chi_\nu^2 \leq 0 \end{cases}$$

mit $\Gamma(x+1) = x!$

Erwartungswert und Varianz dieser Zufallsvariablen χ_ν^2 lauten dann

(4.3.4) $\quad E(\chi_\nu^2) = \nu\sigma^2 \quad$ und $\quad Var(\chi_\nu^2) = 2\nu\sigma^4$.

Für Zufallsvariablen X_k (k=1,...,ν) mit Standardabweichung $\sigma=1$ erhalten wir aus (4.3.4)

(4.3.5) $\quad E(\chi_\nu^2) = \nu \quad$ und $\quad Var(\chi_\nu^2) = 2\nu$.

Die Zufallsvariable Y, die wir als homogen lineare Transformation $Y = a\,\chi_\nu^2$ aus χ_ν^2 erhalten, hat Erwartungswert und Varianz

(4.3.6) $\quad E(Y) = a\nu \quad$ und $\quad Var(Y) = 2a^2\nu$.

Auflösen von (4.3.6) nach ν und a ergibt

(4.3.7) $\quad \nu = \dfrac{2[E(Y)]^2}{Var(Y)} \quad$ und $\quad a = \dfrac{E(Y)}{\nu}$

Die Zufallsvariable Y eignet sich zur Approximation von positiven Zufallsgrößen.
Jenkins und Watts [21] approximieren nun die geglättete Schätzung des Spektrums $\tilde{\hat{f}}_1(\lambda)$ durch $a\,\chi_\nu^2$ und erhalten wegen (4.3.7) die Approximation

(4.3.8) $\quad \nu \approx \dfrac{2\{E[\tilde{\hat{f}}_1(\lambda)]\}^2}{Var[\tilde{\hat{f}}_1(\lambda)]} \quad$ und $\quad a \approx \dfrac{E[\tilde{\hat{f}}_1(\lambda)]}{\nu}$.

In (4.1.3) hatten wir bereits den Erwartungswert von $\tilde{\hat{f}}_1(\lambda)$ angegeben

(4.1.3) $\quad E[\tilde{\hat{f}}_1(\lambda)] = \sum\limits_{\lambda'=-\infty}^{\infty} S_1(\lambda')\,E[\hat{f}_1(\lambda-\lambda')]$.

Unter der Annahme eines glatten Verlaufs des Spektrums erhalten Jenkins und Watts

(4.3.9) $\quad E[\tilde{\hat{f}}_1(\lambda-\lambda')] = \overline{f}(\lambda) \sum\limits_{\lambda'=-\infty}^{\infty} S_1(\lambda') = \overline{f}(\lambda)$

für $\sum\limits_{\lambda'=-\infty}^{\infty} S_1(\lambda') = 1$, was Jenkins und Watts zuvor [22] allgemein als wünschenswerte Eigenschaft für Spektralfenster postulieren und was zumindest für das hier von ihnen benutzte Bartlett-Fenster zutrifft.

Setzt man (4.3.9) und die Approximation der Varianz (4.2.4) in (4.3.8) ein, so erhält man schließlich für die Anzahl der Freiheitsgrade

$$(4.3.10) \quad \nu \approx \frac{2T}{\sum_{\tau=-\infty}^{\infty} L_1^2(\tau)} \ .$$

Die nach (4.3.10) für die betrachteten Fenstertypen berechneten Anzahlen der Freiheitsgrade sind in Tabelle 2 zusammengefaßt.

TABELLE 2

Freiheitsgrade

Fenstertyp	Freiheitsgrade
Rechteckfenster	$\frac{T}{T_m}$
Bartlett-Fenster	$3 \frac{T}{T_m}$
von Hann-Tukey-Fenster	$\frac{8}{3} \frac{T}{T_m}$
Hamming-Fenster	$2,5164 \frac{T}{T_m}$
Parzen-Fenster	$3,7085 \frac{T}{T_m}$

Für festes Verhältnis T/T_m weist von den betrachteten Fenstertypen das Parzen-Fenster die größte Anzahl der Freiheitsgrade auf.

Die praktische Relevanz der Anzahl der Freiheitsgrade besteht darin, daß mit zunehmender Anzahl der Freiheitsgrade die Annäherung der Verteilung der geglätteten Schätzung des Spektrums durch die χ^2-Verteilung besser wird. Berücksichtigt man, daß mit zunehmender Anzahl der Freiheitsgrade die standardisierte Normalverteilung von der χ^2-Verteilung approximiert wird, so bedeutet eine große Anzahl der Freiheitsgrade, daß man die geglättete Schätzung des Spektrums als normalverteilt annehmen kann. Nach Jenkins (1961) verbessert sich die Approximation, wenn man den Logarithmus der geglätteten Schätzung des Spektrums betrachtet.

Wie für das Varianzverhältnis wirkt sich für die Anzahl der Freiheitsgrade eine Verringerung des maximalen Lagabstands T_m bei vorgegebenem Stichprobenumfang T günstig aus. Für alle betrachteten Fenstertypen erhöht sich die Anzahl der Freiheitsgrade und damit die Güte der Approximation, wenn der maximale Lagabstand T_m bei sonst gleichem Stichprobenumfang T vermindert wird.

4.4. Die Bandbreite

Für die Bandbreite (engl. bandwidth) existieren in der spektralanalytischen Literatur voneinander abweichende Definitionen [23].

Die Bandbreite der geglätteten Schätzung des Spektrums ist nach Parzen (1961) definiert durch die Bandbreite des benutzten Spektralfensters. Dabei definiert Parzen [24] die Bandbreite eines Spektrlafensters als die Breite desjenigen rechteckigen Spektralfensters, dessen Höhe gleich dem absoluten Maximum dieses Spektralfensters ist und dessen Fläche mit der des Spektralfensters übereinstimmt.

Demnach gilt für die so definierte Bandbreite b:

$$(4.4.1) \quad b \cdot [\max_{\lambda} |S(\lambda)|] = \int_{-\infty}^{\infty} S(\lambda) d\lambda \quad .$$

Jenkins und Watts (1968) dagegen definieren die Bandbreite der geglätteten Schätzung des Spektrums als die Breite desjenigen rechteckigen Spektralfensters, dessen Glättung zur gleichen Varianz führt. Für ein beliebiges (der betrachteten) Spektralfenster erhielten wir bereits als Varianz der geglätteten Schätzung des Spektrums

(4.2.4) $\operatorname{Var}[\tilde{\hat{f}}_1(\lambda)] = \dfrac{\bar{f}^2(\lambda)}{T} \sum_{\tau=-\infty}^{\infty} L_1^2(\lambda)$.

Für ein rechteckiges Spektralfenster, für das mit $-\dfrac{b}{2} < \lambda < \dfrac{b}{2}$ und wegen $\int_{\lambda=-\infty}^{\infty} S_1(\ ) = 1$ gilt

$$S_1(\lambda) = \begin{cases} \dfrac{1}{b} & \text{für } -\dfrac{b}{2} < \lambda < \dfrac{b}{2} \\ 0 & \text{sonst,} \end{cases}$$

erhalten wir als Varianz der geglätteten Schätzung des Spektrums aus (4.2.3)

$$\operatorname{Var}[\tilde{\hat{f}}_1(\lambda)] = \dfrac{\bar{f}^2(\lambda)}{T} \int_{-\frac{b}{2}}^{\frac{b}{2}} \left(\dfrac{1}{b}\right)^2 d\lambda = \dfrac{\bar{f}^2(\lambda)}{T} \cdot \dfrac{1}{b} ,$$

woraus durch Gleichsetzen mit (4.2.4) resultiert [25]:

(4.4.2) $b = \dfrac{1}{\sum_{\tau=-\infty}^{\infty} L_1^2(\tau)}$.

Die sogenannte standardisierte Bandbreite b_1 erhält man, wenn man die Bandbreite b mit T_m multipliziert

(4.4.3) $b_1 = \dfrac{T_m}{\sum_{\tau=-\infty}^{\infty} L_1^2(\tau)}$.

Durch die Multiplikation mit T_m erzielt man mit der standardisierten Bandbreite ein Beurteilungsmaß, das sich besonders gut zum Vergleich der verschiedenen Lagfenster eignet, da es nicht vom maximalen Lagabstand abhängt.

Da wir in Abschnitt 3.9. bereits gesehen haben, daß für die betrachteten Fenstertypen der Nenner von (4.4.3) eine Funktion von T_m ist, erkennen wir, daß die Bandbreite eine dimensionslose Größe ist. Zugleich können wir aus (4.4.2) folgern, daß die Bandbreite b um so größer wird, je kleiner der maximale Lagabstand T_m gewählt wird.

In der nachfolgenden Tabelle sind die standardisierten Bandbreiten für die betrachteten Fenstertypen aufgeführt.

TABELLE 3

Standardisierte Bandbreiten

Fenstertyp	Standardisierte Bandbreiten
Rechteckfenster	$\frac{1}{2}$
Bartlett-Fenster	$\frac{3}{2}$
von Hann-Tukey-Fenster	$\frac{4}{3}$
Hamming-Fenster	1,2582
Parzen-Fenster	1,8543

Das Rechteckfenster hat die kleinste, das Parzenfenster die größte standardisierte Bandbreite der hier betrachteten Fenstertypen.

Die praktische Bedeutung der Bandbreite [26] ist darin zu sehen, daß die Bandbreite eines Spektralfensters kleiner sein muß als der Abstand zwischen zwei Maxima des Periodogramms, da diese sonst mittels des sie überlappenden Spektralfensters zu einem einzigen Maximum im geglätteten Spektrum verschmelzen. Ist die Bandbreite eines Spektralfensters also zu groß, so ist eine eindeutige Zuordnung der Variationsbeiträge zu den beteiligten Frequenzen nicht mehr möglich.

4.5. Die Beziehung zwischen Varianzverhältnis, Anzahl der Freiheitsgrade und Bandbreite [27]

Für die betrachteten Fenstertypen lassen sich bezüglich des Zusammenhangs zwischen Varianzverhältnis, Anzahl der Freiheitsgrade und Bandbreite folgende Überlegungen anstellen.

Bei ökonometrischen Untersuchungen ist im allgemeinen der Stichprobenumfang T fixiert, d.h. wir verfügen nur über eine vorgegebene Anzahl von Beobachtungswerten einer Variablen. Daher wird mit der Vorgabe eines Verhältnisses von maximalem Lagabstand T_m zu Stichprobenumfang T von beispielsweise $T_m/T = 1/4$ zugleich der maximale Lagabstand festgelegt. Hierbei ist für ökonomische Untersuchungen darauf zu achten, daß der maximale Lagabstand ein ganzzahliges Vielfaches des Jahres ist, da die Jahresperiodizität zumeist von entscheidender Bedeutung ist.

Wegen der für die betrachteten Fenstertypen geltenden direkten Proportionalität zwischen maximalem Lagabstand T_m und Varianzverhältnis sowie den inversen Proportionalitäten zwischen maximalem Lagabstand und Anzahl der Freiheitsgrade bzw. zwischen maximalem Lagabstand und Bandbreite gilt dann weiter:

Je größer der maximale Lagabstand ist, desto größer wird das Varianzverhältnis, desto kleiner werden die Anzahl der Freiheitsgrade und die Bandbreite und umgekehrt. Unabhängig vom Verhältnis T_m/T besteht also ein Konflikt zwischen Varianzverhältnis (möglichst klein) und Anzahl der Freiheitsgrade (möglichst groß) einerseits und Bandbreite (möglichst klein) andererseits.

Vermindert man beispielsweise das obige Verhältnis $T_m/T = 1/4$ auf $T_m/T = 1/5$, so folgt hieraus unter sonst gleichen Bedingungen ein kleineres Varianzverhältnis, eine größere Bandbreite und eine größere Anzahl der Freiheitsgrade. Hierbei ist nur die größere Bandbreite unerwünscht, da die Möglichkeit der Auflösung von Extremalwerten des Spektrums verschlechtert wird.

4.6. Konfidenzbänder

Wie wir in Abschnitt 4.3. gesehen haben, kann nach Jenkins und Watts (1968) die geglättete Schätzung des Spektrums approximiert werden durch $a \chi_\nu^2$ mit

(4.3.8) $\quad \nu \approx \dfrac{2\{E[\tilde{\tilde{f}}_1(\lambda)]\}^2}{\text{Var}[\tilde{\tilde{f}}_1(\lambda)]} \quad$ und $\quad a \approx \dfrac{E[\tilde{\tilde{f}}_1(\lambda)]}{\nu}$.

Dann ist wegen (4.3.8) und (4.3.9)

(4.6.1) $\quad \dfrac{\tilde{\tilde{f}}_1(\lambda)}{a} = \dfrac{\nu \cdot \tilde{\tilde{f}}_1(\lambda)}{E[\tilde{\tilde{f}}_1(\lambda)]} = \dfrac{\nu \cdot \tilde{\tilde{f}}_1(\lambda)}{\overline{f}(\lambda)}$

approximativ χ_ν^2 verteilt mit ν Freiheitsgraden. Damit läßt sich folgende Konfidenzaussage treffen:

(4.6.2) $\quad P\{\chi^2_{\nu,\frac{\alpha}{2}} < \frac{\nu \cdot \tilde{\hat{f}}_1(\lambda)}{\tilde{f}(\lambda)} \leq \chi^2_{\nu,1-\frac{\alpha}{2}}\} = 1 - \alpha$,

d.h. mit vorgegebener Irrtumswahrscheinlichkeit α liegt das Verhältnis (4.6.1) in dem Intervall, das man aus der χ^2-Verteilung mit ν Freiheitsgraden erhält, wenn man diese Verteilung innerhalb der Grenzen von α/2 bis 1-α/2 integriert. Durch algebraische Umformung erhalten wir hieraus das Konfidenzintervall für das Spektrum

(4.6.3) $\quad P\{\frac{\nu \cdot \tilde{\hat{f}}_1(\lambda)}{\chi^2_{\nu,1-\frac{\alpha}{2}}} \leq \tilde{f}(\lambda) < \frac{\nu \cdot \tilde{\hat{f}}_1(\lambda)}{\chi^2_{\nu,\frac{\alpha}{2}}}\} = 1 - \alpha$.

Der multiplikative Zusammenhang geht durch Logarithmierung in den für Konfidenzaussagen gewohnten additiven Zusammenhang über. Durch die Logarithmierung erhalten wir folgende Konfidenzgrenzen für den Logarithmus des Spektrums

(4.6.4) $\quad P\{\log \tilde{\hat{f}}_1(\lambda) + \log \frac{\nu}{\chi^2_{\nu,1-\frac{\alpha}{2}}} \leq \log \tilde{f}(\lambda) < \log \tilde{\hat{f}}_1(\lambda) +$

$\quad + \log \frac{\nu}{\chi^2_{\nu,\frac{\alpha}{2}}} \} = 1 - \alpha$.

Wird somit der Logarithmus des geglätteten Spektrums auf halblogarithmischem Papier gegen die Frequenz abgetragen, so ergeben sich unabhängig von der Frequenz λ die Konfidenzgrenzen des logarithmischen Spektrums wie folgt:
Die untere Konfidenzgrenze erhält man durch Addition der Größe $\log \frac{\nu}{\chi^2_{\nu,1-\frac{\alpha}{2}}}$ zum Logarithmus der geglätteten Schätzung des Spektrums, $\log \tilde{\hat{f}}_1( )$. Hierbei ist $\log \frac{\nu}{\chi^2_{\nu,1-\frac{\alpha}{2}}}$ negativ, da $\frac{\nu}{\chi^2_{\nu,1-\frac{\alpha}{2}}}$ im Intervall (0, 1) liegt [28].

Plausibel wird dies durch die Überlegung, daß in (4.6.3) zur Gewinnung der unteren Konfidenzgrenze nur ein Faktor für die geglättete Schätzung des Spektrums in Frage kommt, der zwischen Null und Eins liegt.

Die obere Konfidenzgrenze erhält man durch die Addition von $\log \frac{\nu}{\chi^2_{\nu,\frac{\alpha}{2}}}$ zum Logarithmus der geglätteten Schätzung des Spektrums, $\log \tilde{\tilde{f}}_1(\lambda)$. Hierbei ist $\log \dfrac{\nu}{x^2_{\nu,\frac{\alpha}{2}}}$ positiv, da $\dfrac{\nu}{x^2_{\nu,\frac{\alpha}{2}}} > 1$. [28]

Aus (4.6.3) ersehen wir, daß zur Gewinnung der oberen Konfidenzgrenze der Faktor für die geglättete Schätzung des Spektrums größer als 1 sein muß.

§ 5. Bivariate Spektralanalyse

5.1 Autokovarianzfunktionen und Kreuzkovarianzfunktionen

Die bivariate Spektralanalyse, auch Kreuzspektralanalyse genannt, befaßt sich mit dem Zusammenwirken von zwei Zufallsvariablen $X_1(t)$ und $X_2(t)$, $t \epsilon T_B$ (T_B = Beobachtungszeitraum).

Die Erwartungswerte dieser Zufallsvariablen seien endlich und von der historischen Zeit unabhängig

(5.1.1)
$$E[X_1(t)] = \mu_1 < \infty$$
$$E[X_2(t)] = \mu_2 < \infty \quad .$$

Für die Autokovarianzfunktionen der beiden Zufallsvariablen wird Stationarität gefordert

$$\text{Cov}[X_1(t), X_2(t+\tau)] = E\{[X_1(t) - \mu_1][X_1(t+\tau) - \mu_1]\}$$
$$= \gamma_{11}(\tau) < \infty$$

(5.1.2)
$$\text{Cov}[X_2(t), X_2(t+\tau)] = E\{[X_2(t) - \mu_2][X_2(t+\tau) - \mu_2]\}$$
$$= \gamma_{22}(\tau) < \infty \quad .$$

Darüberhinaus wird nun die Existenz von Kovarianzfunktionen zwischen den beiden Zufallsvariablen - sogenannte Kreuzkovarianzfunktionen - angenommen

(5.1.3)
$$\text{Cov}[X_1(t), X_2(t+\tau)] = E\{[X_1(t) - \mu_1][X_2(t+\tau) - \mu_2]\} < \infty$$
$$\text{Cov}[X_2(t), X_1(t+\tau)] = E\{[X_2(t) - \mu_2][X_1(t+\tau) - \mu_1]\} < \infty \quad .$$

Die Stationarität der Kreuzkovarianzfunktionen, d.h.

(5.1.4)
$$Cov[X_1(t),X_2(t+\tau)] = \gamma_{12}(\tau)$$
$$Cov[X_2(t),X_1(t+\tau)] = \gamma_{21}(\tau) ,$$

folgt nicht aus der Stationarität der beiden Autokovarianzfunktionen, sondern wird separat gefordert.[29]

Die Kreuzkovarianzfunktionen sind für $\tau \neq 0$ nicht symmetrisch, d.h. $\gamma_{12}(\tau) \neq \gamma_{21}(\tau)$ für $\tau \neq 0$.

Vielmehr gilt für reelle Zufallsvariablen bei Stationarität der Kreuzkovarianzfunktionen

(5.1.5) $\gamma_{12}(\tau) = Cov[X_1(t),X_2(t+\tau)] = Cov[X_1(t-\tau),X_2(t)]$

$= Cov[X_2(t),X_1(t-\tau)] = \gamma_{21}(-\tau)$.

Mithin gilt: $\gamma_{12}(-\tau) = \gamma_{21}(\tau)$.

Zusammengefaßt erhält man aus den schwach stationären Kovarianzfunktionen des bivariaten Zufallsprozesses die Kovarianzfunktionsmatrix $K(\tau)$, für die gilt

(5.1.6) $K(\tau) = \begin{bmatrix} \gamma_{11}(\tau) & \gamma_{12}(\tau) \\ \gamma_{21}(\tau) & \gamma_{22}(\tau) \end{bmatrix} = \begin{bmatrix} \gamma_{11}(-\tau) & \gamma_{21}(-\tau) \\ \gamma_{12}(-\tau) & \gamma_{22}(-\tau) \end{bmatrix}$

$= K'(-\tau) ,$

wobei mit dem Symbol ' die Transponierte gekennzeichnet ist.

Die stationäre Kovarianzfunktionsmatrix mit Argument τ stimmt also mit ihrer Transponierten überein, wenn bei dieser das Argument das Vorzeichen wechselt. Für $\tau=0$ erhält man aus der Kovarianzfunktionsmatrix $K(\tau)$ die gewohnte symmetrische Varianz-Kovarianz-Matrix zweier Zufallsvariablen. Hieraus ersieht man, daß die Kovarianzfunktionsmatrizen im bivariaten Fall neben den Varianzen und gleichzeitigen Kovarianzen auch die Kovarianzen der Realisationen einer Zufallsvariablen mit den jeweils um den zeitlichen Abstand τ verschobenen Realisationen dieser oder der zweiten Zufallsvariablen enthalten können.

Der für ökonomische Anwendungen essentielle Gehalt der Kovarianzfunktionsmatrix $K(\tau)$ und der Beziehung (5.1.6) besteht in folgendem:

Für jedes Element $\gamma_{kl}(\tau); k,l=1,2$ der Matrix $K(\tau)$ wird der Einfluß der Variablen $X_k(t)$ auf die Variable $X_l(t+\tau)$, die einen lag von τ Perioden gegenüber $X_k(t)$ aufweist, mittels der

Kreuzkovarianzfunktion gemessen. Hierbei geht also X_k zeitlich X_1 um τ Perioden voraus.

Wird nun der Einfluß der Variablen $X_1(t)$ auf die Variable $X_k(t')$ messen, so erhalten wir die zu $\gamma_{kl}(\tau)$ identische Kreuzkovarianzfunktion, wenn wir $t'=t-\tau$ wählen, also die Variable $X_k(t-\tau)$ mit dem **lead** von τ Perioden gegenüber der Variablen $X_1(t)$ untersuchen. Hierbei folgt X_1 zeitlich X_k um τ Perioden.

Für k=1 gilt $\gamma_{kk}(\tau) = \gamma_{kk}(-\tau)$ wegen der angenommenen schwachen Stationarität der Zufallsvariablen $X_k(t)$; k=1,2.

Wird die Einflußrichtung transponiert ohne Umformung des leads in einen lag(bzw. eines lags in einen lead), so ergibt sich für k≠l : X_k geht X_1 um τ Perioden voraus und X_1 geht X_k um τ Perioden voraus, so daß die Werte der entsprechenden Kreuzkovarianzfunktionen $\gamma_{kl}(\tau)$ und $\gamma_{lk}(\tau)$ verschieden sind.

Es existiert noch eine weitere Möglichkeit, die Kovarianzfunktionen anzuordnen. Dabei wird für T Beobachtungen das Vorhandensein von T Zufallsvariablen unterstellt. Im bivariaten Fall haben wir dann bei T Beobachtungen 2T Zufallsvariablen. Wir betrachten nun die Autokovarianzfunktion $\gamma_{11}(\tau)$ der Zufallsvariablen $X_1(t)$ und berücksichtigen, daß bei T Argumenten der Zufallsvariablen $X_1(t)$; t=1,...,T Autokovarianzfunktionen maximal (T-1)-ter Ordnung gebildet werden können. Weiter beachten wir, daß wegen der Definition der stationären Autokorrelationsfunktion

(5.1.7) $\quad \rho_{11}(\tau) = \dfrac{\gamma_{11}(\tau)}{\sigma_{11}^2} \qquad \tau = 0, \ldots, T-1$,

wobei σ_{11}^2 die Varianz der Zufallsvariablen $X_1(t)$ ist, sich bilden läßt

(5.1.8) $\quad \gamma_{11}(\tau) = \sigma_{11}^2 \cdot \rho_{11}(\tau) \qquad \tau = 0, \ldots, T-1$.

Dann kann man die Kovarianzfunktionen der Zufallsvariablen $X_1(t)$ zur nachfolgenden Matrix zusammenstellen

$$(5.1.9) \quad K_{11} = \sigma_{11}^2 \begin{bmatrix} 1 & \rho_{11}(1) & \cdots & \rho_{11}(T-1) \\ \rho_{11}(1) & 1 & \cdots & \rho_{11}(T-2) \\ \vdots & \vdots & & \vdots \\ \rho_{11}(T-1) & \rho_{11}(T-2) & \cdots & 1 \end{bmatrix}.$$

Dies ist eine Toeplitz-Matrix, da auf zur Hauptdiagonalen parallelen Diagonalen identische Elemente liegen und die Matrix symmetrisch ist.

Wir bemerken, daß die aus den Autokovarianzfunktionen $\gamma_{22}(\tau)$ analog zu bildende Matrix K_{22} ebenfalls eine Toeplitz-Matrix ist.

Aus den Kreuzkovarianzfunktionen $\gamma_{12}(\tau)$ bilden wir die Matrix K_{12} mit Hilfe der Beziehungen

$$(5.1.10) \quad \mathrm{Cov}[X_1(t), X_2(t+\tau)] = \gamma_{12}(\tau) = \sigma_{11} \cdot \sigma_{22} \cdot \rho_{12}(\tau)$$

$$\tau = 0, \ldots, T-1 \quad ,$$

wobei σ_{11} und σ_{22} die Standardabweichungen der beiden Zufallsvariablen und die $\rho_{12}(\tau)$ die Kreuzkorrelationsfunktionen sind:

$$(5.1.11) \quad K_{12} = \sigma_{11} \cdot \sigma_{22} \begin{bmatrix} \rho_{12}(0) & \rho_{12}(1) & \cdots & \rho_{12}(T-1) \\ \rho_{12}(-1) & \rho_{12}(0) & \cdots & \rho_{12}(T-2) \\ \vdots & \vdots & & \vdots \\ \rho_{12}(-T+1) & \rho_{12}(-T+2) & \cdots & \rho_{12}(0) \end{bmatrix}.$$

Hierbei ist $\rho_{12}(0)$ die Korrelation zwischen den beiden Zufallsvariablen. Entsprechend wird K_{21} gebildet

$$(5.1.12) \quad K_{21} = \sigma_{11} \cdot \sigma_{22} \begin{bmatrix} \rho_{21}(0) & \rho_{21}(1) & \cdots & \rho_{21}(T-1) \\ \rho_{21}(-1) & \rho_{21}(0) & \cdots & \rho_{21}(T-2) \\ \vdots & \vdots & & \vdots \\ \rho_{21}(-T+1) & \rho_{21}(-T+2) & \cdots & \rho_{21}(0) \end{bmatrix}.$$

Wegen (5.1.5) gilt dann

$$(5.1.13) \quad K'_{12} = K_{21}^{(-)} \; .$$

Faßt man K_{11}, K_{22}, K_{12} und K_{21} zusammen, so erhält man die Supermatrix

(5.1.14) $\quad K = \begin{bmatrix} K_{11} & | & K_{12} \\ --- & + & --- \\ K_{21} & | & K_{22} \end{bmatrix}$,

die alle Informationen enthält über Varianzen, Kovarianzen, Autokovarianzfunktionen und Kreuzkovarianzfunktionen.

Entsprechend läßt sich eine Supermatrix $P(\tau)$ für Auto- und Kreuzkorrelationsfunktionen bilden, wenn wir aufgrund von (5.1.10) entwickeln

(5.1.15) $\quad \rho_{kl}(\tau) = \dfrac{\gamma_{kl}(\tau)}{\sigma_{kk}\sigma_{ll}} \qquad k,l=1,2 \; ; \; \tau=0,\ldots,T-1$,

wobei $\sigma_{kk} = \sqrt{\gamma_{kk}(0)}$ und $\sigma_{ll} = \sqrt{\gamma_{ll}(0)}$.

Das Intervall für die Kreuzkorrelationsfunktionen kann man wie folgt bestimmen:

Aus der Nichtnegativität des Erwartungswerts des quadratischen Ausdrucks

(5.1.16) $\quad E\{[\dfrac{X_k(t)-\mu_k}{\sqrt{\gamma_{kk}(0)}} + \dfrac{X_l(t+\tau)-\mu_l}{\sqrt{\gamma_{ll}(0)}}]^2\} = 2 + 2\rho_{kl}(\tau) \geq 0$

$$k,l=1,2 \; ; \; \tau=0,\ldots,T-1$$

folgt

(5.1.17) $\quad \rho_{kl}(\tau) \geq -1$

und aus

(5.1.18) $\quad E\{[\dfrac{X_k(t)-\mu_k}{\sqrt{\gamma_{kk}(0)}} - \dfrac{X_l(t+\tau)-\mu_l}{\sqrt{\gamma_{ll}(0)}}]^2\} = 2 - 2\rho_{kl}(\tau) \geq 0$

folgt

(5.1.19) $\quad \rho_{kl}(\tau) \leq 1$,

mithin

(5.1.20) $\quad -1 \leq \rho_{kl}(\tau) \leq 1$.

5.2. Spektraldarstellung der Autokovarianzfunktionen und Kreuzkovarianzfunktionen

Nach einem unabhängig von Cramér(1940) und Kolmogoroff(1941) bewiesenen Theorem können stationäre Kreuz- und Autokovarianzfunktionen $\gamma_{kl}(\tau)$; k,l = 1,2 durch Fourier-Stieltjes-Integrale dargestellt werden

$$(5.2.1) \quad \gamma_{kl}(\tau) = \int_{-\pi}^{\pi} e^{i\lambda\tau} dF_{kl}(\lambda) ,$$

wobei die $F_{kl}(\lambda)$ rechtsseitig stetige Funktionen mit beschränkter Variation sind.

Wie im univariaten Fall läßt sich jedes $F_{kl}(\lambda)$ in drei Komponenten zerlegen

$$(5.2.2) \quad F_{kl}(\lambda) = F_{kl}^{(1)}(\lambda) + F_{kl}^{(2)}(\lambda) + F_{kl}^{(3)}(\lambda) ,$$

wobei jeweils $F_{kl}^{(1)}(\lambda)$ die absolut stetige Komponente, $F_{kl}^{(2)}(\lambda)$ die diskontinuierliche Komponente und $F_{kl}^{(3)}(\lambda)$ die singuläre Komponente darstellen.

Im absolut stetigen Fall gewinnen wir aus (5.2.1)

$$(5.2.3) \quad \gamma_{kl}(\tau) = \int_{-\pi}^{\pi} e^{i\lambda\tau} \bar{f}_{kl}(\lambda) d\lambda .$$

Die $\bar{f}_{kl}(\lambda)$ sind für k≠l die Kreuzspektren und für k=l die Autospektren. Fassen wir die Auto- und Kreuzkovarianzfunktionen $\gamma_{kl}(\tau)$; k,l=1,2 zur Kovarianzfunktionsmatrix der Ordnung 2 $K(\tau)$ zusammen, so werden die Auto- und Kreuzspektren $\bar{f}_{kl}(\lambda)$; k,l=1,2 entsprechend zur Spektralmatrix $\bar{f}(\lambda)$ zusammengefaßt

$$(5.2.4) \quad \bar{f}(\lambda) = \begin{bmatrix} \bar{f}_{11}(\lambda) & \bar{f}_{12}(\lambda) \\ \bar{f}_{21}(\lambda) & \bar{f}_{22}(\lambda) \end{bmatrix} ,$$

wobei auf der Hauptdiagonalen die Autospektren angeordnet sind. Dann lautet (5.2.3) in Matrizenschreibweise

$$(5.2.5) \quad K(\tau) = \int_{-\pi}^{\pi} e^{i\lambda\tau} \overline{f}(\lambda) d\lambda \quad .$$

Für die komplexwertigen Kreuzspektren $\overline{f}_{kl}(\lambda)$ erhalten wir die Konjugierte - wegen $\gamma_{kl}^{x}(\tau) = \gamma_{lk}(-\tau)$ im komplexen Fall und $\gamma_{kl}^{x}(\tau) = \gamma_{kl}(\tau) = \gamma_{lk}(-\tau)$ im reellen Fall der Kovarianzfunktionen -

$$(5.2.6) \quad \overline{f}_{kl}^{x}(\lambda) = \frac{1}{2\pi} \sum_{\tau=-\infty}^{\infty} \gamma_{kl}^{x}(\tau) e^{-i\lambda\tau} = \frac{1}{2\pi} \sum_{\tau=-\infty}^{\infty} \gamma_{lk}(-\tau) e^{i\lambda(-\tau)}$$

$$= \frac{1}{2\pi} \sum_{\tau=-\infty}^{\infty} \gamma_{lk}(\tau) e^{i\lambda\tau} = \overline{f}_{lk}(\lambda) \quad .$$

Da demnach für die Spektralmatrix gilt

$$(5.2.7) \quad \overline{f}^{x\prime}(\lambda) = f(\lambda) \quad ,$$

ist die Spektralmatrix hermitesch.

Außerdem ist die Spektralmatrix positiv semidefinit, d.h. es gilt

$$(5.2.8) \quad \zeta \, \overline{f}(\lambda) \, \zeta' \geq 0$$

für einen beliebigen (1×2)-Vektor $\zeta = [\zeta_1 \;\; \zeta_2]$.

Schließlich sei noch bemerkt, daß Kreuzspektrum und Kreuzkovarianzfunktion ein Paar von Fouriertransformierten sind, da die Fouriertransformation von (5.2.3) ergibt

$$(5.2.9) \quad \overline{f}_{kl}(\lambda) = \frac{1}{2\pi} \sum_{\tau=-\infty}^{\infty} \gamma_{kl}(\tau) e^{-i\lambda\tau} \quad .$$

5.3. Kospektrum und Quadratspektrum

Wegen der Eulerschen Formel für komplexe Zahlen können wir (5.2.9) auch wie folgt schreiben

$$(5.3.1) \quad \overline{f}_{kl}(\lambda) = \frac{1}{2\pi} \sum_{\tau=-\infty}^{\infty} \gamma_{kl}(\tau) \cos(\lambda\tau) - \frac{i}{2\pi} \sum_{\tau=-\infty}^{\infty} \gamma_{kl}(\tau) \sin(\lambda\tau) \quad .$$

Da das Kreuzspektrum $\overline{f}_{kl}(\lambda)$ als komplexwertige Funktion in den Realteil $c_{kl}(\lambda)$ und den Imaginärteil $q_{kl}(\lambda)$ zerlegt werden kann

$$(5.3.2) \quad \overline{f}_{kl}(\lambda) = c_{kl}(\lambda) - i \, q_{kl}(\lambda) \quad ,$$

erhalten wir durch Vergleich mit (5.3.1)

(5.3.3) $\quad c_{kl}(\lambda) = \frac{1}{2\pi} \sum_{\tau=-\infty}^{\infty} \gamma_{kl}(\tau)\cos(\lambda\tau)$

und

(5.3.4) $\quad q_{kl}(\lambda) = \frac{1}{2\pi} \sum_{\tau=-\infty}^{\infty} \gamma_{kl}(\tau)\sin(\lambda\tau)$.

$c_{kl}(\tau)$ wird als Kospektrum, $q_{kl}(\tau)$ als Quadratspektrum bezeichnet.

5.4. Amplitude und Phase
In der Exponentialform komplexwertiger Funktionen lautet das Kreuzspektrum

(5.4.1) $\quad \bar{f}_{kl}(\lambda) = A_{kl}(\lambda) e^{i\phi_{kl}(\lambda)}$.

Hierbei sind $A_{kl}(\lambda)$ die Amplitude und $\phi_{kl}(\lambda)$ die Phase. Amplitude und Phase können auch mittels Kospektrum und Quadratspektrum definiert werden und man erhält wegen (5.3.2)

(5.4.2) $\quad A_{kl}(\lambda) = [\bar{f}_{kl}(\lambda) \cdot \bar{f}_{kl}^{x}(\lambda)]^{\frac{1}{2}} = [c_{kl}^2(\lambda) + q_{kl}^2(\lambda)]^{\frac{1}{2}}$

und

(5.4.3) $\quad \phi_{kl}(\lambda) = \text{arc tg}\{\frac{\text{Im}[\bar{f}_{kl}(\lambda)]}{\text{Re}[\bar{f}_{kl}(\lambda)]}\} = \text{arc tg}[\frac{q_{kl}(\lambda)}{c_{kl}(\lambda)}]$

$$\lambda \in [-\frac{\pi}{2}, \frac{\pi}{2}]$$

Für $q_{kl}(\lambda) = 0$ gilt $\phi_{kl}(\lambda) = 0$, d.h. die Frequenzkomponenten von $X_k(t)$ und $X_l(t+\tau)$ liegen in Phase.

5.5. Quadratische Kohärenz
Normiert man das Produkt des Kreuzspektrums $\bar{f}_{kl}(\lambda)$ mit dem Kreuzspektrum $\bar{f}_{lk}(\lambda)$ mittels der Autospektren $\bar{f}_{kk}(\lambda)$ und $f_{ll}(\lambda)$, so erhält man die quadratische Kohärenz $\kappa_{kl}^2(\lambda)$

$$(5.5.1) \quad \kappa_{kl}^2(\lambda) = \frac{\overline{f}_{kl}(\lambda) \cdot \overline{f}_{lk}(\lambda)}{\overline{f}_{kk}(\lambda) \cdot \overline{f}_{ll}(\lambda)} = \frac{\overline{f}_{kl}(\lambda) \cdot \overline{f}_{kl}^{\mathbf{x}}(\lambda)}{\overline{f}_{kk}(\lambda) \cdot \overline{f}_{ll}(\lambda)}$$

$$= \frac{|\overline{f}_{kl}(\lambda)|^2}{\overline{f}_{kk}(\lambda) \cdot \overline{f}_{ll}(\lambda)} = \frac{c_{kl}^2(\lambda) + q_{kl}^2(\lambda)}{\overline{f}_{kk}(\lambda) \cdot \overline{f}_{ll}(\lambda)} .$$

Hierbei wurde davon Gebrauch gemacht, daß $\overline{f}_{lk}(\lambda) = \overline{f}_{kl}^{\mathbf{x}}(\lambda)$, da die Spektralmatrix hermitesch ist. Das Betragsquadrat $|\overline{f}_{kl}(\lambda)|^2$ ist definiert als das Produkt der komplexwertigen Funktion $\overline{f}_{kl}(\lambda)$ mit ihrer Konjugierten $\overline{f}_{kl}^{\mathbf{x}}(\lambda)$.

Die quadratische Kohärenz ist wie der quadratische Korrelationskoeffizient (Bestimmtheitsmaß) ein Maß für die Stärke des Zusammenhangs von Zufallsvariablen. Während jedoch das Bestimmtheitsmaß den Zusammenhang zwischen zwei Zufallsvariablen im Zeitbereich messen kann, erfaßt die quadratische Kohärenz den Zusammenhang zwischen den Komponenten gleicher Frequenz zweier Zufallsvariablen, also die Stärke des Zusammenhangs im Frequenzbereich. Offenkundig kann auch die quadratische Kohärenz wegen $\kappa_{kl}^2(\lambda) = \kappa_{lk}^2(\lambda)$ nicht die Einflußrichtung bestimmen.

Das Intervall für die quadratische Kohärenz berechnet man folgendermaßen: [30]

Da die Spektralmatrix der Ordnung 3 eine positiv semidefinite hermitesche Form ist, ist die Determinante der Spektralmatrix der Ordnung 2 reell und nichtnegativ

$$(5.5.2) \quad \begin{vmatrix} \overline{f}_{kk}(\lambda) & \overline{f}_{kl}(\lambda) \\ \overline{f}_{lk}(\lambda) & \overline{f}_{ll}(\lambda) \end{vmatrix} = \overline{f}_{kk}(\lambda) \cdot \overline{f}_{ll}(\lambda) - \overline{f}_{kl}(\lambda) \cdot \overline{f}_{lk}(\lambda) \geq 0,$$

woraus folgt

$$(5.5.3) \quad \kappa_{kl}^2(\lambda) = \frac{\overline{f}_{kl}(\lambda) \cdot \overline{f}_{lk}(\lambda)}{\overline{f}_{kk}(\lambda) \cdot \overline{f}_{ll}(\lambda)} \leq 1$$

und wegen der Nichtnegativität von $\overline{f}_{kk}(\lambda)$, $\overline{f}_{ll}(\lambda)$ und $|\overline{f}_{kl}(\lambda)|^2$

$$(5.5.4) \quad \kappa_{kl}^2(\lambda) \geq 0 ,$$

mithin

$$(5.5.5) \quad 0 \leq \kappa_{kl}^2(\lambda) \leq 1 .$$

5.6. Gain

Dividiert man den Betrag des Kreuzspektrums $\bar{f}_{kl}(\lambda)$, das für die Frequenz λ die spektrale Beziehung zwischen den Zufallsvariablen $X_k(t)$ und $X_l(t+\tau)$ darstellt, durch das Autospektrum $\bar{f}_{kk}(\lambda)$ der Zufallsvariablen $X_k(t)$, die den Einflußfaktor darstellen soll, so erhält man den Gain $G_{l|k}(\lambda)$ [31]

$$(5.6.1) \quad G_{l|k}(\lambda) = \frac{|\bar{f}_{kl}(\lambda)|}{\bar{f}_{kk}(\lambda)} = \frac{[c_{kl}^2(\lambda) + q_{kl}^2(\lambda)]^{\frac{1}{2}}}{\bar{f}_{kk}(\lambda)} .$$

Dieser Gain ist formal dem Regressionskoeffizienten der linearen Einfachregression ähnlich, ist jedoch im Unterschied zu diesem im Frequenzbereich definiert.

Normiert man den Betrag des Kreuzspektrums $\bar{f}_{lk}(\lambda)$ - wobei $|\bar{f}_{lk}(\lambda)| = |\bar{f}_{kl}(\lambda)|$ - mit dem Autospektrum $\bar{f}_{11}(\lambda)$ der Zufallsvariablen $X_l(t)$, die nun ihrerseits den Einflußfaktor darstellen soll, so erhält man den Gain $G_{k|l}(\lambda)$

$$(5.6.2) \quad G_{k|l}(\lambda) = \frac{|\bar{f}_{lk}(\lambda)|}{\bar{f}_{11}(\lambda)} .$$

Das Produkt der beiden Gains (5.6.2) und (5.6.1) ergibt die quadratische Kohärenz (5.5.1)

$$(5.6.3) \quad G_{k|l}(\lambda) \cdot G_{l|k}(\lambda) = \frac{|\bar{f}_{kl}(\lambda)| \cdot |\bar{f}_{lk}(\lambda)|}{\bar{f}_{kk}(\lambda) \cdot \bar{f}_{11}(\lambda)}$$

$$= \frac{|\bar{f}_{kl}(\lambda)| \cdot |\bar{f}_{kl}^{*}(\lambda)|}{\bar{f}_{kk}(\lambda) \cdot \bar{f}_{11}(\lambda)} = \frac{|\bar{f}_{kl}(\lambda)|^2}{\bar{f}_{kk}(\lambda) \cdot \bar{f}_{11}(\lambda)} = \kappa_{kl}^2(\lambda) .$$

5.7. Schätzfunktionen der bivariaten Spektralanalyse

Da die Schätzung der Autospektren so erfolgt, wie es bereits im Rahmen der univariaten Spektralanalyse dargestellt wurde, können wir uns hier auf die Schätzung der Kreuzspektren zweier Zufallsvariablen $X_1(t)$ und $X_2(t+\tau)$ beschränken.

Als Schätzfunktion für die Kreuzkovarianzfunktion $\gamma_{12}(\tau)$ der Zufallsvariablen $X_1(t)$ mit der Zufallsvariablen $X_2(t+\tau)$ - und ganz analog für die Kreuzkovarianzfunktion $\gamma_{21}(\tau)$ der Zufallsvariablen $X_2(t)$ mit der Zufallsvariablen $X_1(t+\tau)$ - wird generell empfohlen

$$(5.7.1) \quad \hat{\gamma}_{12}(\tau) = \frac{1}{T} \sum_{t=1}^{T-\tau} [x_1(t)-\bar{x}_1][x_2(t+\tau)-\bar{x}_2]$$

mit $\bar{x}_1 = \frac{1}{T} \sum_{t=1}^{T} x_1(t)$ und $\bar{x}_2 = \frac{1}{T} \sum_{t=1}^{T} x_2(t)$.

Diese Schätzfunktion ist für festes τ konsistent und damit asymptotisch erwartungstreu sowie positiv semidefinit und hat wegen des kleineren Gewichts 1/T eine kleinere Varianz als die erwartungstreue, konsistente, jedoch nicht positiv definite Schätzfunktion, die von Granger u. Hatanaka empfohlen wurde [32]:

$$(5.7.2) \quad \tilde{\gamma}_{12}(\tau) = \frac{1}{T-\tau} \sum_{t=1}^{T-\tau} [x_1(t)-\bar{x}_1][x_2(t+\tau)-\bar{x}_2] .$$

Damit das Kreuzspektrum $\bar{f}_{12}(\lambda)$ konsistent geschätzt werden kann, wird bei der Transformation eines der Lagfenster $L_1(\lambda)$ benutzt:

$$(5.7.3) \quad \hat{\bar{f}}_{12}(\lambda) = \frac{1}{2\pi} \sum_{\tau=-T_m}^{T_m} L_1(\tau) \cdot \hat{\gamma}_{12}(\tau) \cdot e^{-i\lambda\tau} ,$$

somit erhält man wegen $\hat{\bar{f}}_{12}(\lambda) = \hat{c}_{12}(\lambda) - i\hat{q}_{12}(\lambda)$ die (geglättete) Schätzung des Kospektrums, d.h. den Realteil von $\hat{\bar{f}}_{12}(\lambda)$ mit

$$(5.7.4) \quad \hat{c}_{12}(\lambda) = \frac{1}{2\pi}\{\hat{\gamma}_{12}(0) + \sum_{\tau=1}^{T_m} L_1(\tau)[\hat{\gamma}_{12}(\tau)+\hat{\gamma}_{21}(\tau)]\cos(\lambda\tau)\}$$

und die (geglättete) Schätzung des Quadratspektrums, d.h. den Imaginärteil von $\hat{\bar{f}}_{12}(\lambda)$ mit

$$(5.7.5) \quad \hat{q}_{12}(\lambda) = \frac{1}{2\pi}\{\sum_{\tau=1}^{T_m} L_1(\tau)[\hat{\gamma}_{12}(\tau)-\hat{\gamma}_{21}(\tau)]\sin(\lambda\tau)\} .$$

Aus (5.7.4) und (5.7.5) erhalten wir die (geglättete) Schätzung der Amplitude

$$(5.7.6) \quad \hat{A}_{12}(\lambda) = [\hat{c}_{12}^2(\lambda) + \hat{q}_{12}^2(\lambda)]^{\frac{1}{2}}$$

sowie die (geglättete) Schätzung der Phase

(5.7.7) $\quad \hat{\phi}_{12}(\lambda) = \text{arc tg}\left[\dfrac{\hat{q}_{12}(\lambda)}{\hat{c}_{12}(\lambda)}\right]$

und schließlich die (geglättete) Schätzung der quadratischen Kohärenz

(5.7.8) $\quad \hat{\kappa}^2_{12}(\lambda) = \dfrac{\hat{c}^2_{12}(\lambda) + \hat{q}^2_{12}(\lambda)}{\hat{\tilde{f}}_{11}(\lambda) \cdot \hat{\tilde{f}}_{22}(\lambda)}$.

5.8. Das Arganddiagramm

Ein weiteres, in der Praxis weniger beachtetes spektralanalytisches Instrument ist das Arganddiagramm. In ihm werden $\dfrac{\hat{c}_{12}(\lambda)}{\hat{\tilde{f}}_{11}(\lambda)}$ auf der Ordinate und $\dfrac{\hat{q}_{12}(\lambda)}{\hat{\tilde{f}}_{11}(\lambda)}$ auf der Abszisse abgetragen.

Der Aussagewert des Arganddiagramms soll hier nur für einige Spezialfälle veranschaulicht werden:[33]

(1) Für eine bezüglich der Frequenz konstante Phasenverschiebung $\phi(\lambda) = k$ degeneriert das Arganddiagramm zu einem Punkt mit den Koordinaten ($\cos k$, $\sin k$).

(2) Weisen zwei Prozesse $\{X_t\}$ und $\{Y_t\}$ folgende Verknüpfung auf

(5.8.1) $\quad Y_t = \alpha X_t^{b\lambda} + \beta X_t^{k}$,

wobei k andeutet, daß eine konstante Phasenverschiebung wie im Spezialfall (1) vorliegt, während $b\lambda$ für eine linear homogene Phasenverschiebung $\phi(\lambda) = b\lambda$ steht, so erhalten wir im Arganddiagramm einen Kreis mit Radius α und Mittelpunkt mit den Koordinaten ($\beta \cos k$, $\beta \sin k$).

Für $\alpha = 0$ und $\beta = 1$ erhält man aus (2) wieder (1).

(3) Für $\beta = 0$ erhält man aus (2) einen Kreis um den Ursprung mit Radius α; dies entspricht der linear homogenen Phasenverschiebung, auch dies ein in der Praxis nicht zu beobachtender Extremfall.

§ 6. Multivariate Spektralanalyse

6.1. Verallgemeinerung der Autokovarianzfunktionen und Kreuzkovarianzfunktionen auf den n-dimensionalen Fall

Die multivariate Spektralanalyse ist eine Erweiterung der bivariaten Spektralanalyse auf den n-dimensionalen Fall($n \geq 2$). Da der zweidimensionale Fall im Hinblick auf diese Erweiterung schon teilweise in Matrizenkalkül formuliertworden ist, sind nur noch einige präzisierende Bemerkungen erforderlich.

Die Stationaritätsforderungen lauten im n-dimensionalen Fall

(6.1.1) $E[X(t)] = \mu$ für $t \in T_B$,

wobei $X(t)$ und μ Spaltenvektoren der Ordnung $n \times 1$ sind

(6.1.2) $X(t) = \begin{bmatrix} X_1(t) \\ X_2(t) \\ \vdots \\ X_n(t) \end{bmatrix}$, $\mu = \begin{bmatrix} \mu_1 \\ \mu_2 \\ \vdots \\ \mu_n \end{bmatrix}$

und $\mu_i < \infty$ für alle $i=1,\ldots,n$; die stationäre Kovarianzfunktion zwischen den Zufallsvariablen $X_k(t)$ und $X_l(t+\tau)$ für $k,l=1,\ldots,n$ ist definiert als

(6.1.3) $\text{Cov}[X_k(t), X_l(t+\tau)] = E\{[X_k(t)-\mu_k][X_l(t+\tau)-\mu_l]\}$

$\qquad = \gamma_{kl}(\tau) < \infty$.

Damit erhalten wir die stationäre Kovarianzfunktionsmatrix

(6.1.4) $K(\tau) = E\{[X(t)-\mu][X(t+\tau)-\mu]'\}$

$\qquad = \begin{bmatrix} \gamma_{11}(\tau) & \cdots & \gamma_{1n}(\tau) \\ \vdots & & \vdots \\ \gamma_{n1}(\tau) & \cdots & \gamma_{nn}(\tau) \end{bmatrix}$.

Wie im bivariaten Fall gilt

(6.1.5) $K'(-\tau) = K(\tau)$.

Für $\tau=0$ erhalten wir mit $K(0)$ die Varianz-Kovarianz-Matrix für die n Zufallsvariablen.

Die Supermatrix (5.1.14) lautet im n-dimensionalen Fall

$$(6.1.6) \quad K = \begin{bmatrix} K_{11} & \cdots & K_{1n} \\ \vdots & & \vdots \\ K_{n1} & \cdots & K_{nn} \end{bmatrix}.$$

6.2. Spektraldarstellung im multivariaten Fall

Das von Cramér und Kolmogoroff bewiesene Theorem (Vgl. hierzu 5.2.) ergibt im n-dimensionalen Fall (k,l=1,...,n)

$$(6.2.1) \quad \gamma_{kl}(\tau) = \int_{-\pi}^{\pi} e^{i\lambda\tau} dF_{kl}(\lambda)$$

mit

$$(6.2.2) \quad F_{kl}(\lambda) = F_{kl}^{(1)}(\lambda) + F_{kl}^{(2)}(\lambda) + F_{kl}^{(3)}(\lambda) \ .$$

Im absolut stetigen Fall hat die Spektralmatrix folgendes Aussehen

$$(6.2.3) \quad \bar{f}(\lambda) = \begin{bmatrix} \bar{f}_{11}(\lambda) & \cdots & \bar{f}_{1n}(\lambda) \\ \vdots & & \vdots \\ \bar{f}_{n1}(\lambda) & \cdots & \bar{f}_{nn}(\lambda) \end{bmatrix},$$

wobei die Autospektren auf der Hauptdiagonalen stehen. Die Spektralmatrix ist hermitesch

$$(6.2.4) \quad \bar{f}^{x\prime}(\lambda) = f(\lambda)$$

und positiv semidefinit, d.h. es gilt

$$(6.2.5) \quad \zeta \, \bar{f}(\lambda) \, \zeta' \geq 0$$

für einen beliebigen (1×n)-Vektor $\zeta = [\zeta_1 \ \ldots \ \zeta_n]$.

Somit lautet in Matrizenschreibweise die Spektraldarstellung der Auto- und Kreuzkovarianzfunktionen im absolut stetigen Fall für n Zufallsvariablen

$$(6.2.6) \quad K(\tau) = \int_{-\pi}^{\pi} e^{i\lambda\tau} \bar{f}(\lambda) d\lambda \ ,$$

wobei $K(\tau)$ durch (6.1.4) und $\bar{f}(\lambda)$ durch (6.2.3) definierte Matrizen sind.

6.3. Weitere Verallgemeinerungen zur multivariaten Spektralanalyse

Die Spektralmatrix $\bar{f}(\lambda)$ der Ordnung n läßt sich in eine symmetrische Kospektralmatrix $Co(\lambda)$ der Ordnung n und in eine schiefsymmetrische Quadratspektralmatrix $Q(\lambda)$ der Ordnung n zerlegen

(6.3.1) $\quad \bar{f}(\lambda) = Co(\lambda) - Q(\lambda)$

mit $Co(\lambda) = [c_{kl}(\lambda)], Q(\lambda) = [q_{kl}(\lambda)]; k,l=1,\ldots,n$, wobei gilt

(6.3.2) $\quad Co'(\lambda) = Co(\lambda) \quad$ und $\quad Q'(\lambda) = -Q(\lambda)$.

In der Exponentialform kann man die Spektralmatrix schreiben als

(6.3.3) $\quad \bar{f}(\lambda) = A(\lambda) \cdot e^{i\phi(\lambda)}$,

wobei $A(\lambda)$ die Amplitudenmatrix der Ordnung n und $\phi(\lambda)$ die Phasenmatrix der Ordnung n sind mit $A(\lambda) = [A_{kl}(\lambda)], \phi(\lambda) = [\phi_{kl}(\lambda)]; k,l=1,\ldots,n$.

Für die Elemente der Amplitudenmatrix und der Phasenmatrix gilt

(6.3.4) $\quad A_{kl}(\lambda) = [c_{kl}^2(\lambda) + q_{kl}^2(\lambda)]^{\frac{1}{2}} \qquad k,l=1,\ldots,n$

und

(6.3.5) $\quad \phi_{kl}(\lambda) = \text{arc tg}[\frac{q_{kl}(\lambda)}{c_{kl}(\lambda)}] \qquad k,l=1,\ldots,n,$
$\qquad\qquad\qquad\qquad\qquad\qquad\qquad\qquad \lambda \in [-\frac{\pi}{2},\frac{\pi}{2}]$.

In der Kohärenzmatrix $\kappa^2(\lambda)$ der Ordnung n sind die quadratischen Kohärenzen zusammengefaßt, wobei für diese gilt

(6.3.6) $\quad \kappa_{kl}^2(\lambda) = \dfrac{c_{kl}^2(\lambda) + q_{kl}^2(\lambda)}{\bar{f}_{kk}(\lambda) \cdot \bar{f}_{ll}(\lambda)} \qquad k,l=1,\ldots,n$.

Die Gainmatrix der Ordnung n ist definiert als

(6.3.7) $\quad G(\lambda) = \begin{bmatrix} G_{1|1}(\lambda) & \cdots & G_{n|1}(\lambda) \\ \vdots & & \vdots \\ G_{1|n}(\lambda) & \cdots & G_{n|n}(\lambda) \end{bmatrix}$,

wobei die Hauptdiagonale mit Einsen besetzt ist wegen

$$(6.3.8) \quad G_{1|k}(\lambda) = \frac{[c_{k1}^2(\lambda) + q_{k1}^2(\lambda)]^{\frac{1}{2}}}{\overline{f}_{kk}(\lambda)} \qquad k,l=1,\ldots,n$$

für $k = 1$.

Damit und durch entsprechende Anwendung der Formeln aus Abschnitt 5.7. lassen sich die Schätzungen im multivariaten Fall entwickeln, so daß hier darauf verzichtet werden kann.

Für die multivariate Spektralanalyse lassen sich außerdem die Konzepte des Varianzverhältnisses, der Anzahl der Freiheitsgrade und der Bandbreite übernehmen. Auf weitere Details soll jedoch erst im praktischen Teil eingegangen werden.

6.4. Höhere multivariate Analyse

Ansätze einer fortgeschrittenen multivariaten Analyse im Frequenzbereich, die Elemente ökonometrischer Methoden weiterentwickelt, findet der interessierte Leser in Fishman(1969). Hier soll nur kurz auf diese Ansätze eingegangen werden, da die zu ihrer Realisierung erforderlichen Computerprogramme für die komplexwertigen Größen noch nicht zur Verfügung stehen.

Wir gehen aus von der multiplen Relation (vom distributed lags-Typ) der erklärten Variablen y_t mit n erklärenden Variablen, die hierbei mit leads und lags auftreten dürfen:

$$(6.4.1) \quad y_t = \sum_{\tau=-v}^{w} a_\tau X'_{t-\tau} + u_t ,$$

wobei

$$a_\tau = [a_{1,\tau} \ldots a_{n,\tau}] \quad \text{und} \quad X'_{t-\tau} = \begin{bmatrix} X_{1,t-\tau} \\ \vdots \\ X_{n,t-\tau} \end{bmatrix}$$

und die latente Variable u_t mit den erklärenden Variablen unkorreliert ist, d.h.

$$E(u_t X_{i,t-\tau}) = 0 \quad \text{für } i = 1,\ldots,n \text{ und } \tau = 0, \pm 1,\ldots$$

Dann erhalten wir das Autospektrum der erklärten Variablen y_t durch

(6.4.2) $\quad \overline{f}_y(\lambda) = A^{\ast}(\lambda)\, \overline{f}_{XX}(\lambda)\, A'(\lambda) + \overline{f}_u(\lambda)$,

wobei $\overline{f}_{XX}(\lambda)$ für die Matrix der Auto- und Kreuzspektren der erklärenden Variablen steht:

$$\overline{f}_{XX}(\lambda) = \begin{bmatrix} \overline{f}_{X_1 X_1}(\lambda) & \cdots & \overline{f}_{X_1 X_n}(\lambda) \\ \vdots & & \vdots \\ \overline{f}_{X_n X_1}(\lambda) & \cdots & \overline{f}_{X_n X_n}(\lambda) \end{bmatrix}$$

und

(6.4.3) $\quad A'(\lambda) = \sum_{\tau=-v}^{w} a'_{\tau} \cdot e^{-i\lambda\tau}$

der (Spalten-)Vektor der Frequenz-Antwort-Funktion und

(6.4.4) $\quad A^{\ast}(\lambda) = \sum_{\tau=-v}^{w} a^{\ast}_{\tau} \cdot e^{i\lambda\tau}$

der (Zeilen-)Vektor ihrer Konjugierten sind.
Für den (Spalten-)Vektor der Kreuzspektren der erklärten Variablen mit jeweils einer der erklärenden Variablen

$$\overline{f}_{yX}(\lambda) = \begin{bmatrix} \overline{f}_{yX_1}(\lambda) \\ \vdots \\ \overline{f}_{yX_n}(\lambda) \end{bmatrix}$$

gilt

(6.4.5) $\quad \overline{f}'_{yX}(\lambda) = \overline{f}_{XX}(\lambda)\, A'(\lambda)$.

Daher ist der Zeilenvektor der Konjugierten definiert als

(6.4.6) $\overline{f}_{yX}^{*}(\lambda) = A^{*}(\lambda) \, \overline{f}_{XX}(\lambda)$.

Bezeichnen wir den deterministischen Teil von (6.4.1) mit dem Skalar

(6.4.7) $z_t = \sum\limits_{\tau=-v}^{w} a_\tau \, X'_{t-\tau}$,

so gilt für das Autospektrum von z_t

(6.4.8) $\overline{f}_z(\lambda) = A^{*}(\lambda) \, \overline{f}_{XX}(\lambda) \, A'(\lambda)$

und das Kreuzspektrum von y_t mit z_t:

(6.4.9) $\overline{f}_{yz}(\lambda) = \overline{f}_{yX}(\lambda) \, A'(\lambda)$.

Die Konjugierte dieses Skalars bezeichnen wir mit $\overline{f}_{yz}^{*}(\lambda)$. Die multiple quadratische Kohärenz zwischen y_t und den erklärenden Variablen lautet dann, sofern die Inverse der Matrix $\overline{f}_{XX}(\lambda)$ existiert und das Autospektrum $\overline{f}_y(\lambda)$ von Null verschieden ist:

(6.4.10) $\kappa^2_{y \cdot X_1, \ldots, X_n}(\lambda) = \dfrac{\overline{f}_{yz}(\lambda) \cdot \overline{f}_{yz}^{*}(\lambda)}{\overline{f}_z(\lambda) \cdot \overline{f}_y(\lambda)}$

$= \dfrac{\overline{f}_{yX}^{*}(\lambda) \, \overline{f}_{XX}^{-1}(\lambda) \, \overline{f}_{yX}'(\lambda)}{\overline{f}_y(\lambda)}$.

Durch die Einteilung der erklärenden Variablen in die beiden Gruppen X_I und X_{II} mit den Aufteilungen der betrachteten Matrizen und Vektoren:

$$\bar{f}_{XX}(\lambda) = \begin{bmatrix} \bar{f}_{X_I X_I}(\lambda) & \bar{f}_{X_I X_{II}}(\lambda) \\ \bar{f}_{X_{II} X_I}(\lambda) & \bar{f}_{X_{II} X_{II}}(\lambda) \end{bmatrix}$$

und

$$\bar{f}'_{yX}(\lambda) = \begin{bmatrix} \bar{f}_{yX_I}(\lambda) \\ \bar{f}_{yX_{II}}(\lambda) \end{bmatrix}$$

läßt sich beispielsweise die marginale multiple quadratische Kohärenz für die erste Gruppe berechnen mit:

(6.4.11) $\quad \kappa^2_{y \cdot X_I}(\lambda) = \dfrac{\bar{f}^*_{yX_I}(\lambda) \, \bar{f}^{-1}_{X_I X_I}(\lambda) \, \bar{f}'_{yX_I}(\lambda)}{\bar{f}_y(\lambda)}$

unter der zusätzlichen Bedingung, daß die Inverse der Teilmatrix $\bar{f}_{X_I X_I}(\lambda)$ existiert.

Wünscht man den Einfluß der erklärenden Variablen der Gruppe X_I auf die erklärenden Variablen der Gruppe X_{II} zu eliminieren, so bildet man die Regressionen (je eine für jede der erklärenden Variablen der zweiten Gruppe)

(6.4.12) $\quad X_{II,t} = \sum\limits_{\tau=-g}^{h} b_\tau \, X_{I,t-\tau} + \varepsilon_t$

und berechnet dann die partielle quadratische Kohärenz:

(6.4.13) $\quad \kappa^2_{y \cdot X_{II} | X_I}(\lambda) = \dfrac{\bar{f}^*_{y\varepsilon}(\lambda) \, \bar{f}^{-1}_{\varepsilon\varepsilon}(\lambda) \, \bar{f}'_{y\varepsilon}(\lambda)}{\bar{f}_y(\lambda)}$.

Hierbei steht $\bar{f}_{\varepsilon\varepsilon}^{-1}(\lambda)$ für die Inverse der Matrix der Auto- und Kreuzspektren der Residuen der erklärenden Variablen der zweiten Gruppe und $\bar{f}_{y\varepsilon}'(\lambda)$ für den Spaltenvektor der Kreuzspektren dieser Residuen mit der endogenen Variablen (Entsprechend steht $\bar{f}_{y\varepsilon}^{*}(\lambda)$ für den Zeilenvektor der Konjugierten dieser Kreuzspektren).

§ 7. Filtern

7.1. Filter, Frequenz-Antwort-Funktion und Transferfunktion

In ökonomischen Prozessen werden die eigentlichen Zusammenhänge zwischen den ökonomischen Variablen stets durch Störfaktoren der verschiedensten Art überdeckt. Analog dem informationstheoretischen Ansatz, geräuschbehaftete gesendete Signale [34] durch Filtern verständlich zu machen, gibt es auch im ökonomischen Bereich zahlreiche Anwendungsmöglichkeiten: [35]

Statt mit den originären ökonomischen Zeitreihen, den sogenannten Ursprungsreihen, rechnet man oft mit den aus diesen Zeitreihen berechneten ersten Differenzen, etwa um positive Autokorrelation zu eliminieren. So werden auch gleitende Durchschnitte der verschiedensten Art auf die Ursprungsreihen angewandt, um beispielsweise bei zeitreihenanalytischen Betrachtungen die sogenannte glatte Komponente zu isolieren. Des weiteren werden sukzessive Anwendungen von Differenzen erster, zweiter oder höherer Ordnung und gleitende Durchschnitte und Kombinationen derselben zur Behandlung von Ursprungsreihen vorgeschlagen, damit aus letzteren Saisoneinflüsse, Ausreißer oder sonstige unerwünschte Einflüsse eliminiert werden können.
Diese Filter können ganz allgemein als Transformation einer Inputfunktion x(t) in eine Outputfunktion y(t) angesehen werden:

(7.1.1) $\quad y(t) = F[x(t)]$,

wobei im allgemeinen $t \in (-\infty, \infty)$.

Werden mehrere Inputreihen $\{x_1(t)\}, \{x_2(t)\}, \ldots, \{x_n(t)\}$ zu einer Outputreihe $\{y(t)\}$ transformiert, so gilt die Beziehung

(7.1.2) $\quad y(t) = F[x_1(t), x_2(t), \ldots, x_n(t)]$.

Ein Filter ist linear [36], wenn für

(7.1.3) $\quad y_1(t) = F[x_1(t)] \quad$ und $\quad y_2(t) = F[x_2(t)]$

und beliebige Konstanten a_1 und a_2 gilt

(7.1.4) $\quad a_1 y_1(t) = F[a_1 x_1(t)]$ und $a_2 y_2(t) = F[a_2 x_2(t)]$

sowie

(7.1.5) $\quad y_1(t) + y_2(t) = F[x_1(t) + x_2(t)]$.

Ein Filter ist zeitinvariant, wenn für $y(t)$ aus (7.1.1) gilt

(7.1.6) $\quad y(t+\tau) = F[x(t+\tau)]$

mit $\tau \in (-\infty, \infty)$.

Mittels eines linearen, zeitinvarianten Filters läßt sich die Beziehung zwischen Inputfunktion und Outputfunktion für den betrachteten diskreten Fall darstellen als

(7.1.7) $\quad y(t) = \sum_{\tau=-\infty}^{\infty} a_F(\tau) x(t-\tau)$,

wobei wir $a_F(\tau)$ als Filterfunktion bezeichnen wollen. Hierbei ist zu beachten, daß $a_F(\tau)$ nur von der Zeitverschiebung τ abhängt, also zeitinvariant ist, während die Summierung eine lineare Operation ist.

Wenn wir die komplexe Harmonische $e^{i\lambda t}$ mit Einheitsamplitude und Kreisfrequenz λ als Inputfunktion einsetzen, erhalten wir mittels eines zeitinvarianten linearen Filters die Outputfunktion als

(7.1.8) $\quad y(t) = \sum_{\tau=-\infty}^{\infty} a_F(\tau) e^{i\lambda(t-\tau)} = e^{i\lambda t} \sum_{\tau=-\infty}^{\infty} a_F(\tau) e^{-i\lambda \tau}$

$\qquad = e^{i\lambda t} A_F(\lambda)$

mit

$$(7.1.9) \quad A_F(\lambda) = \sum_{\tau=-\infty}^{\infty} a_F(\tau) e^{-i\lambda\tau} \quad .$$

$A_F(\lambda)$ ist die Frequenz-Antwort-Funktion (engl. frequency response function) des Filters. Sie ist die Fouriertransformierte der Filterfunktion $a_F(\tau)$. Die Frequenz-Antwort-Funktion ist im allgemeinen eine komplexwertige Funktion. Das Quadrat ihres Betrages ist die Transferfunktion

$$(7.1.10) \quad Tr_F(\lambda) = |A_F(\lambda)|^2 = A_F(\lambda) \cdot A_F^x(\lambda) \quad .$$

Als komplexwertige Funktion läßt sich die Frequenz-Antwort-Funktion in algebraischer Schreibweise in einen Realteil und in einen Imaginärteil zerlegen

$$(7.1.11) \quad A_F(\lambda) = \mathrm{Re}[A_F(\lambda)] + i\,\mathrm{Im}[A_F(\lambda)] \quad ,$$

in der Exponentialform lautet sie

$$(7.1.12) \quad A_F(\lambda) = G_F(\lambda) e^{i\phi_F(\lambda)} \quad ,$$

wobei $G_F(\lambda)$ als Verstärkungsfunktion und $\phi_F(\lambda)$ als Phasenverschiebung bezeichnet werden. Die beiden Schreibweisen (7.1.11) und (7.1.12) sind miteinander verbunden durch die Beziehungen

$$(7.1.13) \quad G_F(\lambda) = |A_F(\lambda)| = \{\mathrm{Re}^2[A_F(\lambda)] + \mathrm{Im}^2[A_F(\lambda)]\}^{\frac{1}{2}}$$

und

$$(7.1.14) \quad \phi_F(\lambda) = \mathrm{arc\,tg}\{\frac{\mathrm{Im}[A_F(\lambda)]}{\mathrm{Re}[A_F(\lambda)]}\} \qquad \lambda \in (-\frac{\pi}{2}, \frac{\pi}{2}) \quad .$$

Um die Wirkungsweise des linearen zeitinvarianten Filters zu veranschaulichen, setzen wir eine komplexe Harmonische mit Amplitude $A(\lambda)$, Phase $\phi(\lambda)$ und Kreisfrequenz λ als Inputfunktion ein und erhalten als Outputfunktion $y(t)$

$$(7.1.15) \quad y(t) = \sum_{\tau=-\infty}^{\infty} a_F(\tau) A(\lambda) e^{i[\lambda(t-\tau)+\phi(\lambda)]}$$

$$= A(\lambda) e^{i[\lambda t+\phi(\lambda)]} \sum_{\tau=-\infty}^{\infty} a_F(\tau) e^{-i\lambda\tau}$$

$$= A(\lambda) e^{i[\lambda t+\phi(\lambda)]} A_F(\lambda)$$

$$= A(\lambda)e^{i[\lambda t+\phi(\lambda)]}G_F(\lambda)e^{i\phi_F(\lambda)}$$

$$= A(\lambda)G_F(\lambda)e^{i\{\lambda t+[\phi(\lambda)+\phi_F(\lambda)]\}} .$$

Wir sehen, daß die Amplitude der Inputfunktion mit der Verstärkungsfunktion $G_F(\lambda)$ multipliziert wird. Wäre $G_F(\lambda)$ eine von der Frequenz unabhängige Konstante, so würden für alle Frequenzen die Amplituden gleichermaßen verstärkt. Im allgemeinen variiert die Verstärkungsfunktion mit den Frequenzen, so daß die Amplituden verschiedener Frequenzkomponenten je nach Konstruktion der Verstärkungsfunktion beliebig verstärkt oder gedämpft werden können.

Außerdem bemerken wir, daß zur ursprünglichen Phase $\phi(\lambda)$ die Phasenverschiebung $\phi_F(\lambda)$ addiert wird. Ist die Phasenverschiebung eine Konstante, so werden die Phasen für alle Frequenzen gleichmäßig verschoben. Für reelle Prozesse ist man im allgemeinen an einer Phasenverschiebung nicht interessiert, so daß Filter konstruiert werden, für die gilt $\phi_F(\lambda) = 0$ für alle λ.

So ist gerade für Konjunkturuntersuchungen ein Filter unbrauchbar, der die in der Ursprungsreihe enthaltenen Auf- und Abschwünge bei der Transformation durch den Filter verschiebt.

Wir wollen nun für den diskreten Fall [37] die Wirkung des linearen zeitinvarianten Filters und seiner Transferfunktion auf das Spektrum betrachten.

Die Outputreihe $\{y(t)\}$ sei aus der stationären Inputreihe $\{x(t)\}$ mit Erwartungswert Null mittels eines linearen zeitinvarianten Filters mit reellen Filtergewichten $a_F(k)$ erzeugt worden

$$(7.1.16) \quad y(t) = \sum_{k=-p}^{p} a_F(k)x(t-k) .$$

Dann erhalten wir die Autokovarianzfunktion von y(t) als

$$(7.1.17) \quad \text{Cov}_y(\tau) = E[y(t)y(t+\tau)]$$

$$= E\{[\sum_{k=-p}^{p} a_F(k)x(t-k)][\sum_{l=-p}^{p} a_F(l)x(t+\tau-l)]\}$$

$$= \sum_{k=-p}^{p} \sum_{l=-p}^{p} a_F(k)a_F(l)E[x(t-k)x(t+\tau-l)]$$

$$= \sum_{k=-p}^{p} \sum_{l=-p}^{p} a_F(k)a_F(l)\text{Cov}_x(k+\tau-l) .$$

Dies können wir einsetzen in die Formel für das Spektrum der Outputreihe

$$(7.1.18) \quad \overline{f}_y(\lambda) = \frac{1}{2\pi} \sum_{\tau=-\infty}^{\infty} e^{i\lambda\tau} \text{Cov}_y(\tau)$$

und erhalten

$$(7.1.19) \quad \overline{f}_y(\lambda) = \frac{1}{2\pi} \sum_{\tau=-\infty}^{\infty} \sum_{k=-p}^{p} \sum_{l=-p}^{p} a_F(k) a_F(l) \text{Cov}_x(k+\tau-l) e^{i\lambda\tau}$$

$$= [\sum_{k=-p}^{p} a_F(k) e^{-i\lambda k}][\sum_{l=-p}^{p} a_F(l) e^{i\lambda l}][\frac{1}{2\pi} \sum_{\tau=-\infty}^{\infty} \text{Cov}_x(k+\tau-l) e^{i\lambda(k+\tau-l)}]$$

$$= A_F(\lambda) \cdot A_F^x(\lambda) \cdot \overline{f}_x(\lambda) .$$

Hieraus erhalten wir wegen (7.1.10)

$$(7.1.20) \quad \overline{f}_y(\lambda) = \text{Tr}_F(\lambda) \cdot \overline{f}_x(\lambda) .$$

Wir erkennen, daß man das Spektrum der Outputreihe erhält, wenn man das Spektrum der stationären Inputreihe mit der Transferfunktion des linearen zeitinvarianten Filters multipliziert. Da der Filter linear und zeitinvariant ist, resultiert aus der stationären Inputreihe eine stationäre Outputreihe.

(7.1.20) ist von weitreichender Bedeutung, da die Wirkungsweise eines linearen zeitinvarianten Filters aus der Transferfunktion ersichtlich ist. Dies soll später an einigen Beispielen veranschaulicht werden.

7.2. Prewhitening und Recoloring[38]
Wenn das zu schätzende Spektrum über dem Frequenzbereich nicht glatt verläuft, sondern mehrere Maxima aufweist, ergibt sich für die Schätzung mittels eines der Spektralfenster folgendes Problem:

Wenn eines dieser Maxima des Spektrums von einem der Nebenmaxima eines Spektralfensters erfaßt wird, so wird das geglättete Spektrum an der Stelle des Hauptmaximums des Spektralfensters einen Frequenzbeitrag aufweisen, der eigentlich nicht durch die zugehörige Frequenz verursacht wird. Dieser Vorgang ist von Jenkins (1961) mit leakage bezeichnet worden, d.h. es sickert spektrale Masse durch auf benachbarte Frequenzen. Von Blackman u. Tukey(1958) wurde empfohlen, vor dem Schätzvorgang das Spektrum derart zu transformieren, daß das transformierte Spektrum einen nahezu konstanten Verlauf aufweist - ähnlich dem des Spektrums eines white-noise-Prozesses. Die entsprechende Transformation bezeichneten Blackman und Tukey mit prewhitening.

Erfolgt das prewhitening mit Hilfe eines linearen Filters, so
erhalten wir über (7.1.20) aus dem ursprünglichen Spektrum
$\bar{f}_x(\lambda)$ der Inputreihe $\{x(t)\}$ das Spektrum $\bar{f}_y(\lambda)$ der Outputreihe
$\{y(t)\}$, wobei $Tr_F(\lambda)$ die Transferfunktion des linearen Filters
ist. Nach dem prewhitening erfolgt sodann die Schätzung des
Spektrums $f_y(\lambda)$ mit dem Spektralfenster. Aus dem geschätzten
(geglätteten) Spektrum $\hat{\bar{f}}_y(\lambda)$ erhält man das gesuchte geschätzte
(geglättete) Spektrum $\hat{\bar{f}}_x(\lambda)$ der ursprünglichen Reihe $\{x(t)\}$
durch die Beziehung

(7.2.1) $\quad \hat{\bar{f}}_x(\lambda) = \hat{\bar{f}}_y(\lambda) \cdot \dfrac{1}{Tr_F(\lambda)}$.

Diese Rücktransformation wird als recoloring bezeichnet.

Der Erfolg des prewhitening und recoloring ist davon abhängig,
ob man über a priori-Informationen darüber verfügt, welche
Frequenzbänder Maxima im Spektrum aufweisen. Weiterhin ist entscheidend, ob ein linearer Filter konstruiert werden kann, der
gerade diese Maxima reduziert und somit einen glatten Verlauf
nach dem prewhitening bewirkt, der dem eines white-noise-Prozesses nahekommt.

7.3. Filtern und bivariate Spektralanalyse

Es ist bereits gezeigt worden (Vgl. Abschnitt 7.1.), daß die
Outputreihe eines linearen zeitinvarianten Filters, die wir
nunmehr mit $\{x_2(t)\}$ bezeichnen wollen, stationär ist, wenn die
Inputreihe, die wir mit $\{x_1(t)\}$ bezeichnen wollen, stationär
ist. Es soll jetzt gezeigt werden, daß die Kreuzkovarianzfunktionen der beiden Reihen ebenfalls stationär sind.

Hierzu wird o.B.d.A. angenommen, daß der Erwartungswert der
Inputreihe Null ist, so daß wegen der vorausgesetzten Linearität und Zeitinvarianz auch der Erwartungswert der Outputreihe
Null ist.

Dann erhalten wir aus der Outputreihe, die mittels reeller Filtergewichte $a_F(k)$ erzeugt wird,

(7.3.1) $\quad x_2(t) = \sum\limits_{k=-p}^{p} a_F(k) x_1(t-k)$

und der Inputreihe $\{x_1(t)\}$ die Kreuzkovarianzfunktion

(7.3.2) $\quad \gamma_{12}(t, t+\tau) = E[x_1(t) x_2(t+\tau)]$

$$= E[\sum_{k=-p}^{p} a_F(k) x_1(t) x_1(t+\tau-k)]$$

$$= \sum_{k=-p}^{p} a_F(k) E[x_1(t) x_1(t+\tau-k)]$$

$$= \sum_{k=-p}^{p} a_F(k) \gamma_{11}(\tau-k) \quad .$$

Da die historische Zeit t hierbei nicht mehr vorkommt und der letzte Ausdruck nach erfolgter Summierung über k nur noch von der zeitlichen Verschiebung τ abhängt, ist die Stationarität der Kreuzkovarianzfunktionen gezeigt, d.h. es gilt für diesen Spezialfall des linearen zeitinvarianten Filters

(7.3.3) $\quad \gamma_{12}(t,t+\tau) = \gamma_{12}(\tau) \quad .$

Durch Fouriertransformation erhalten wir aus $\gamma_{12}(\tau)$ das Kreuzspektrum

(7.3.4) $\quad \bar{f}_{12}(\lambda) = \frac{1}{2\pi} \sum_{\tau=-\infty}^{\infty} \gamma_{12}(\tau) e^{i\lambda\tau}$

$$= \frac{1}{2\pi} \sum_{\tau=-\infty}^{\infty} \sum_{k=-p}^{p} a_F(k) \gamma_{11}(\tau-k) e^{i\lambda\tau}$$

$$= [\sum_{k=-p}^{p} a_F(k) e^{i\lambda k}][\frac{1}{2\pi} \sum_{\tau=-\infty}^{\infty} \gamma_{11}(\tau-k) e^{i\lambda(\tau-k)}] = A_F^{\ast}(\lambda) \cdot \bar{f}_{11}(\lambda).$$

Daraus folgt

(7.3.5) $\quad \dfrac{\bar{f}_{12}(\lambda)}{\bar{f}_{11}(\lambda)} = A_F^{\ast}(\lambda) \quad .$

Hieraus erhalten wir wegen (7.1.13)

(7.3.6) $\quad G_F(\lambda) = |A_F(\lambda)| = [A_F^{\ast}(\lambda) \cdot A_F(\lambda)]^{\frac{1}{2}}$

$$= \frac{[\bar{f}_{12}(\lambda) \cdot \bar{f}_{21}(\lambda)]^{\frac{1}{2}}}{\bar{f}_{11}(\lambda)} = \frac{|\bar{f}_{21}(\lambda)|}{\bar{f}_{11}(\lambda)} = G_{2|1}(\lambda)$$

und erkennen durch Vergleich mit (5.6.1), daß die Verstärkungsfunktion des Filters hier zugleich der Gain der Outputreihe $\{x_2(t)\}$ bei gegebener Inputreihe $\{x_1(t)\}$ ist.

Weiter bemerken wir anhand von (7.3.5) durch Vergleich von (7.1.10) mit (5.6.3), daß hier die Transferfunktion des Filters zugleich die quadratische Kohärenz zwischen Inputreihe und Outputreihe ist.

7.4. Die Bildung erster Differenzen

Wendet man auf die Inputreihe $\{x_1(t)\}$ erste Differenzen [39] an, so erhält man als Outputreihe $\{x_2(t)\}$

(7.4.1) $\quad x_2(t) = \Delta x_1(t) = x_1(t) - x_1(t-1)$ für alle $t \in T_B$.

Durch Vergleich von (7.4.1) mit (7.3.1) erhalten wir für den Differenzenfilter Δ die Filtergewichte

$$a_\Delta(0) = 1 ,$$

(7.4.2) $\quad a_\Delta(1) = -1$ und

$$a_\Delta(k) = 0 \quad \text{für } k \neq 0, 1 .$$

Setzen wir diese Filtergewichte in (7.1.9) ein, so erhalten wir die Frequenz-Antwort-Funktion für erste Differenzen

(7.4.3) $\quad A_\Delta(\lambda) = \sum_{k=0}^{1} a_\Delta(k) e^{-i\lambda k} = 1 - e^{-i\lambda}$.

Daraus gewinnen wir die Transferfunktion für erste Differenzen

(7.4.4) $\quad Tr_\Delta(\lambda) = |A_\Delta(\lambda)|^2 = A_\Delta(\lambda) \cdot A_\Delta^*(\lambda) = (1 - e^{-i\lambda})(1 - e^{i\lambda})$

$$= 2 - (e^{i\lambda} + e^{-i\lambda}) = 2(1 - \cos\lambda) .$$

7.5. Die Bildung zweiter Differenzen

Wendet man auf die Inputreihe $\{x_1(t)\}$ zweite Differenzen an, so erhält man als Outputreihe $\{x_2(t)\}$

(7.5.1) $\quad x_2(t) = \Delta^2 x_1(t) = \Delta x_1(t) - \Delta x_1(t-1)$

$= x_1(t) - x_1(t-1) - [x_1(t-1) - x_1(t-2)]$

$= x_1(t) - 2x_1(t-1) + x_1(t-2)$.

Durch Vergleich von (7.5.1) mit (7.3.1) erhalten wir für den Differenzenfilter Δ^2 die Filtergewichte

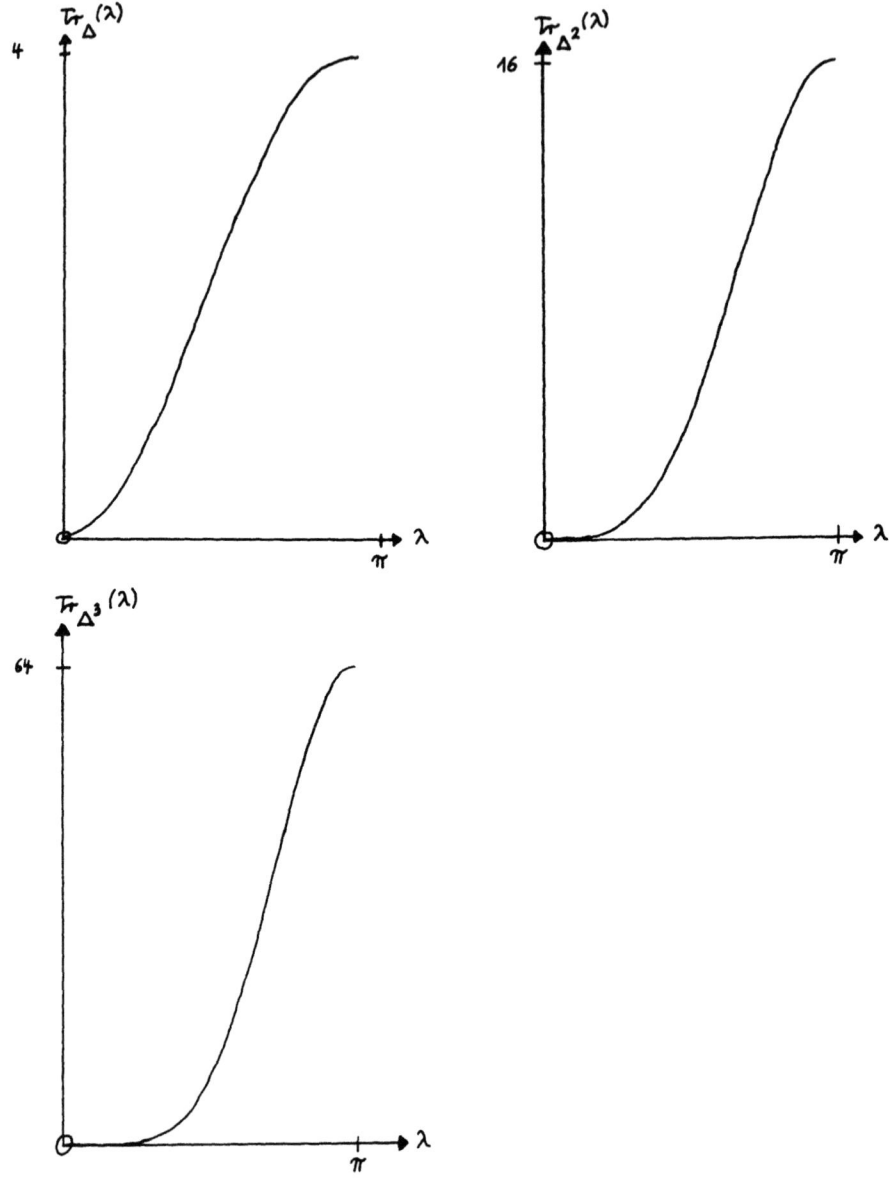

Transferfunktionen von Differenzenfiltern

(7.5.2) $\quad a_{\Delta^2}(0) = 1$,

$a_{\Delta^2}(1) = -2$,

$a_{\Delta^2}(2) = 1$ und

$a_{\Delta^2}(k) = 0$ für $k \neq 0, 1, 2$.

Setzen wir diese Filtergewichte in (7.1.9) ein, so erhalten wir die Frequenz-Antwort-Funktion für zweite Differenzen

(7.5.3) $\quad A_{\Delta^2}(\lambda) = \sum_{k=0}^{2} a_{\Delta^2}(k) e^{-i\lambda k} = 1 - 2e^{-i\lambda} + e^{-i2\lambda}$.

Daraus gewinnen wir die Transferfunktion für zweite Differenzen

(7.5.4) $\quad Tr_{\Delta^2}(\lambda) = (1 - 2e^{-i\lambda} + e^{-i2\lambda})(1 - 2e^{i\lambda} + e^{i2\lambda})$

$= 6 - 4(e^{i\lambda} + e^{-i\lambda}) + (e^{i2\lambda} + e^{-i2\lambda})$

$= 2[3 - 4\cos\lambda + \cos(2\lambda)]$.

7.6. Die Bildung n-ter Differenzen

Wie man sich für den Fall dritter Differenzen vergegenwärtigen kann, erhält man durch Induktion für n-te Differenzen Δ^n die Filtergewichte $a_{\Delta^n}(k)$ als binomische Koeffizienten für $k = 0, 1, \ldots, n$:

(7.6.1) $\quad a_{\Delta^n}(k) = \begin{cases} (-1)^k \binom{n}{k} & \text{für } k = 0, 1, \ldots, n \\ 0 & \text{sonst} \end{cases}$.

Setzen wir diese Filtergewichte in (7.1.9) ein, so erhalten wir die Frequenz-Antwort-Funktion für n-te Differenzen

(7.6.2) $\quad A_{\Delta^n}(\lambda) = \sum_{k=0}^{n} a_{\Delta^n}(k) e^{-i\lambda k} = \sum_{k=0}^{n} (-1)^k \binom{n}{k} e^{-i\lambda k}$.

Daraus gewinnen wir die Transferfunktion für n-te Differenzen

(7.6.3) $\quad Tr_{\Delta^n}(\lambda) = [\sum_{k=0}^{n} (-1)^k \binom{n}{k} e^{-i\lambda k}][\sum_{k=0}^{n} (-1)^k \binom{n}{k} e^{i\lambda k}]$.

Für n=3 erhält man aus (7.6.3) direkt die Transferfunktion für dritte Differenzen mit

(7.6.4) $\text{Tr}_{\Delta^3}(\lambda) = 2[10 - 15\cos\lambda + 6\cos(2\lambda) - \cos(3\lambda)]$.

(7.6.2) und (7.6.3) eröffnen die Möglichkeit, Frequenz-Antwort-Funktionen und Transferfunktionen für beliebige Differenzen zu berechnen. Dies ist ein wichtiger Schritt zur Konstruktion problemadäquater Filter, wie sie beispielsweise für das pre-whitening erforderlich sind.

7.7. Die Bildung gleitender Durchschnitte

In der statistischen Praxis werden Zeitreihen häufig mittels gleitender Durchschnitte geglättet. Die Implikationen dieser gleitenden Durchschnitte lassen sich ebenfalls aus den Transferfunktionen ersehen.

Zunächst wollen wir uns mit einfachen gleitenden Durchschnitten befassen, die eine ungerade Anzahl von Elementen der Inputreihe mit Gewichten versehen. Hierdurch wird erreicht, daß der Wert der Outputreihe $x_2(t)$ für den gleichen Zeitpunkt t des entsprechenden Elements der Inputreihe definiert ist, wodurch zeitliche Verschiebungen vermieden werden.

So erhält man für einen einfachen gleitenden Dreierdurchschnitt, den man auf die Inputreihe $\{x_1(t)\}$ anlegt, die Outputreihe $\{x_2(t)\}$ mit

(7.7.1) $x_2(t) = \frac{1}{3}[x_1(t+1) + x_1(t) + x_1(t-1)]$,

wobei also alle berücksichtigten Elemente der Inputreihe das gleiche Gewicht erhalten. Die Filtergewichte

(7.7.2) $\quad a_3(k) = \frac{1}{3} \quad$ für $k = -1, 0, 1$

$\quad\quad\quad\quad a_3(k) = 0 \quad$ für $k \neq -1, 0, 1$

setzen wir in (7.1.9) ein und erhalten die Frequenz-Antwort-Funktion für den einfachen gleitenden Dreierdurchschnitt

(7.7.3) $A_3(\lambda) = \frac{1}{3} \sum_{k=-1}^{1} e^{-i\lambda k} = \frac{1}{3}[1 + (e^{i\lambda} + e^{-i\lambda})] = \frac{1}{3}(1 + 2\cos\lambda)$.

Daraus gewinnen wir die Transferfunktion des einfachen gleitenden Dreierdurchschnitts

(7.7.4) $\text{Tr}_3(\lambda) = \frac{1}{9}(1 + 2\cos\lambda)^2 = \frac{1}{9}(1 + 4\cos\lambda + 4\cos^2\lambda)$.

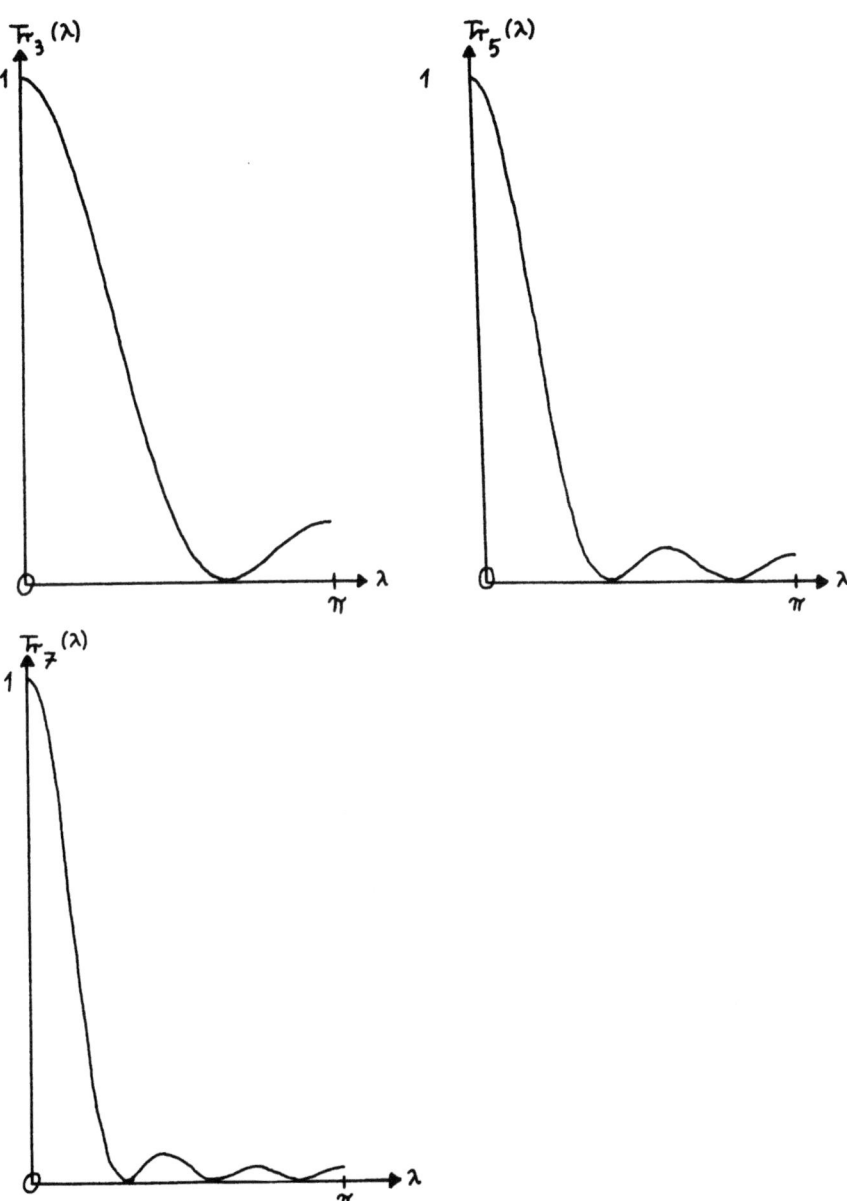

Transferfunktionen von gleitenden Durchschnitten

Für den einfachen gleitenden Fünferdurchschnitt

(7.7.5) $\quad x_2(t) = \frac{1}{5} \sum_{k=-2}^{2} x_1(t-k)$

mit den Filtergewichten

(7.7.6) $\quad\begin{aligned} a_5(k) &= \frac{1}{5} \quad \text{für } k = -2, -1, 0, 1, 2 \\ a_5(k) &= 0 \quad \text{für } k \neq -2, -1, 0, 1, 2 \end{aligned}$

erhalten wir mittels (7.1.9) die Frequenz-Antwort-Funktion für den einfachen gleitenden Fünferdurchschnitt

(7.7.7) $\quad A_5(\lambda) = \frac{1}{5}[1 + 2\cos\lambda + 2\cos(2\lambda)] = \dfrac{\sin(\frac{5\lambda}{2})}{5\sin(\frac{\lambda}{2})}$,

wobei mit $\sin(\frac{\lambda}{2})$ erweitert und von (2.4.7) Gebrauch gemacht wurde. Durch Einsetzen von (7.7.7) in (7.1.10) gewinnen wir die Transferfunktion des einfachen gleitenden Fünferdurchschnitts

(7.7.8) $\quad Tr_5(\lambda) = \frac{1}{25}[1 + 2\cos\lambda + 2\cos(2\lambda)]^2 \quad$ [40]

$\qquad\qquad = \dfrac{\sin^2(\frac{5\lambda}{2})}{25\sin^2(\frac{\lambda}{2})}$.

Analog gewinnt man für den einfachen gleitenden Siebenerdurchschnitt die Frequenz-Antwort-Funktion

(7.7.9) $\quad A_7(\lambda) = \frac{1}{7}[1 + 2\cos\lambda + 2\cos(2\lambda) + 2\cos(3\lambda)] = \dfrac{\sin(\frac{7\lambda}{2})}{7\sin(\frac{\lambda}{2})}$

und die Transferfunktion

(7.7.10) $\quad Tr_7(\lambda) = \dfrac{\sin^2(\frac{7\lambda}{2})}{49\sin^2(\frac{\lambda}{2})}$.

Nunmehr erkennen wir durch Induktion, daß für einen einfachen gleitenden n-gliedrigen Durchschnitt mit n=2m+1; m=1, 2,... die Frequenz-Antwort-Funktion lauten wird:

$$(7.7.11) \quad A_n(\lambda) = \frac{\sin(\frac{n\lambda}{2})}{n \cdot \sin(\frac{\lambda}{2})} \qquad n = 2m + 1 \; ; \; m = 1, 2, \ldots$$

während für die Transferfunktion gilt

$$(7.7.12) \quad Tr_n(\lambda) = \frac{\sin^2(\frac{n\lambda}{2})}{n^2 \sin^2(\frac{\lambda}{2})} \qquad n = 2m + 1 \; ; \; m = 1, 2, \ldots$$

Häufiger als mit einfachen gleitenden Durchschnitten wird in der statistischen Praxis mit zusammengesetzten gleitenden Durchschnitten gearbeitet. Hierbei werden verschiedene einfache gleitende Durchschnitte, die in dieser Kombination auch gerade Anzahlen von zu gewichtenden Elementen der Inputreihe aufweisen können, sukzessiv übereinandergelegt. Wir wollen uns deswegen auch mit den einfachen gleitenden Durchschnitten mit gerader Anzahl von zu gewichtenden Elementen der Inputreihe auseinandersetzen, wie z.B. dem einfachen gleitenden Zweierdurchschnitt, dem einfachen gleitenden Viererdurchschnitt usw.

Der einfache gleitende Zweierdurchschnitt

$$(7.7.13) \quad x_2(t) = \frac{1}{2}[x_1(t) + x_1(t-1)]$$

mit den Filtergewichten

$$(7.7.14) \quad \begin{aligned} a_2(k) &= \frac{1}{2} \quad \text{für } k = 0, 1 \\ a_2(k) &= 0 \quad \text{für } k \neq 0, 1 \end{aligned}$$

hat die Frequenz-Antwort-Funktion

$$(7.7.15) \quad A_2(\lambda) = \frac{1}{2} \sum_{k=0}^{1} e^{-i\lambda k} = \frac{1}{2}(1 + e^{-i\lambda}).$$

Wir erkennen, daß der einfache gleitende Zweierdurchschnitt eine komplexwertige Frequenz-Antwort-Funktion besitzt, so daß die Phasenverschiebung dieses Filters von Null verschieden ist. Wird also der einfache gleitende Zweierdurchschnitt allein, d.h. nicht in einer Kombination mit anderen Filtern, auf eine Ursprungsreihe angelegt, so wird diese phasenverschoben. Dieser unerwünschte Effekt hängt zusammen mit dem im Zeitbereich zu beobachtenden Effekt, daß für den Wert $x_1(t)$ der Ursprungsreihe kein gleichzeitiger Wert $x_2(t)$ der Outputreihe definiert ist.

Durch Einsetzen von (7.7.15) in (7.1.10) erhalten wir die Transferfunktion für den einfachen gleitenden Zweierdurchschnitt

(7.7.16) $\quad Tr_2(\lambda) = \frac{1}{4}(1+e^{-i\lambda})(1+e^{i\lambda}) = \frac{1}{2}(1+\cos\lambda)$.

Bildet man den einfachen gleitenden Zweierdurchschnitt im Unterschied zu (7.7.13) mit dem zukünftigen Wert $x_1(t+1)$ und dem gegenwärtigen Wert $x_1(t)$, nämlich

(7.7.17) $\quad x_{2'}(t) = \frac{1}{2}[x_1(t) + x_1(t+1)]$,

so erhält man als Frequenz-Antwort-Funktion

(7.7.18) $\quad A_{2'}(\lambda) = \frac{1}{2}(1+e^{i\lambda})$

die Konjugierte zur Frequenz-Antwort-Funktion (7.7.15) und daher ebenfalls die Transferfunktion (7.7.16). Diese Eigenheit gilt allgemein für einfache gleitende Durchschnitte mit gerader Anzahl von Elementen.

Der einfache gleitende Viererdurchschnitt

(7.7.19) $\quad x_2(t) = \frac{1}{4} \sum_{k=-1}^{2} x_1(t-k)$

mit den Filtergewichten

(7.7.20) $\quad \begin{aligned} a_4(k) &= \frac{1}{4} \quad \text{für } k = -1, 0, 1, 2 \\ a_4(k) &= 0 \quad \text{für } k \neq -1, 0, 1, 2 \end{aligned}$

hat wegen (7.1.9) die Frequenz-Antwort-Funktion

(7.7.21) $\quad A_4(\lambda) = \frac{1}{4} \sum_{k=-1}^{2} e^{-i\lambda k} = \frac{1}{4}(1 + 2\cos\lambda + e^{-i2\lambda})$

$$= \frac{1}{4}\left[\frac{\sin(\frac{3\lambda}{2})}{\sin(\frac{\lambda}{2})} + e^{-i2\lambda}\right]$$

und wegen (7.1.10) die Transferfunktion

(7.7.22) $\quad Tr_4(\lambda) = \frac{1}{16}\left[\frac{\sin(\frac{3\lambda}{2})}{\sin(\frac{\lambda}{2})} + e^{-i2\lambda}\right]\left[\frac{\sin(\frac{3\lambda}{2})}{\sin(\frac{\lambda}{2})} + e^{i2\lambda}\right] =$

$$= \frac{\sin^2(\frac{3\lambda}{2})}{16\sin^2(\frac{\lambda}{2})} + \frac{1}{16} + \frac{\sin(\frac{3\lambda}{2})}{16\sin(\frac{\lambda}{2})} \cdot 2\cos(2\lambda)$$

$$= \frac{1}{16\sin(\frac{\lambda}{2})} \cdot [\frac{\sin^2(\frac{3\lambda}{2})}{\sin(\frac{\lambda}{2})} + \sin(\frac{7\lambda}{2})] \quad,$$

wobei von (2.4.7) Gebrauch gemacht wurde.

Der einfache gleitende Sechserdurchschnitt

(7.7.23) $\quad x_2(t) = \frac{1}{6} \sum_{k=-2}^{3} x_1(t-k)$

mit den Filtergewichten

(7.7.24)
$\quad a_6(k) = \frac{1}{6} \quad$ für $k = -2, -1, 0, 1, 2, 3$

$\quad a_6(k) = 0 \quad$ für $k \neq -2, -1, 0, 1, 2, 3$

hat wegen (7.1.9) die Frequenz-Antwort-Funktion

(7.7.25) $\quad A_6(\lambda) = \frac{1}{6} \sum_{k=-2}^{3} e^{-i\lambda k} = \frac{1}{6}[\frac{\sin(\frac{5\lambda}{2})}{\sin(\frac{\lambda}{2})} + e^{-i3\lambda}]$

und wegen (7.1.10) die Transferfunktion

(7.7.26) $\quad Tr_6(\lambda) = \frac{1}{36\sin(\frac{\lambda}{2})} \cdot [\frac{\sin^2(\frac{5\lambda}{2})}{\sin(\frac{\lambda}{2})} + \sin(\frac{11\lambda}{2})] \quad.$

Durch Induktion gewinnen wir für einen einfachen gleitenden n-gliedrigen Durchschnitt mit n=2m;m=1,2,3,... die Frequenz-Antwort-Funktion

(7.7.27) $\quad A_n(\lambda) = \frac{1}{n}[\frac{\sin(\frac{n-1}{2}\lambda)}{\sin(\frac{\lambda}{2})} + e^{-i\frac{n}{2}\lambda}] \qquad n=2m \;;\; m=1,2,3,\ldots$

und die Transferfunktion

(7.7.28) $\quad Tr_n(\lambda) = \frac{1}{n^2\sin(\frac{\lambda}{2})} \cdot [\frac{\sin^2(\frac{n-1}{2}\lambda)}{\sin(\frac{\lambda}{2})} + \sin(\frac{2n-1}{2}\lambda)]$

$$n=2m \;;\; m=1,2,3,\ldots \quad.$$

Die für die einfachen gleitenden Durchschnitte gewonnenen Erkenntnisse wollen wir nun für einen zusammengesetzten gleitenden Durchschnitt nutzbringend anwenden. Wir entscheiden uns hierbei für den gleitenden Zwölfmonatsdurchschnitt, der in der statistischen Praxis eine große Resonanz gefunden hat.

Der gleitende Zwölfmonatsdurchschnitt

$$(7.7.29) \quad x_2(t) = \frac{1}{24}[x_1(t+6) + x_1(t-6)] + \frac{1}{12}\sum_{k=-5}^{5} x_1(t-k)$$

ist bekanntlich der sukzessiven Anwendung eines einfachen gleitenden Zwölferdurchschnitts und eines einfachen gleitenden Zweierdurchschnitts äquivalent.

Die Transferfunktion des einfachen gleitenden Zwölferdurchschnitts erhalten wir sofort aus (7.7.28) mit

$$(7.7.30) \quad Tr_{12}(\lambda) = \frac{1}{144 \sin(\frac{\lambda}{2})} \cdot [\frac{\sin^2(\frac{11\lambda}{2})}{\sin(\frac{\lambda}{2})} + \sin(\frac{23}{2}\lambda)] \quad ,$$

die Transferfunktion des einfachen gleitenden Zweierdurchschnitts lautete

$$(7.7.16) \quad Tr_2(\lambda) = \frac{1}{2}(1+\cos\lambda) \quad .$$

Nach (7.1.20) bedeutet die sukzessive Anwendung der beiden Filter(zunächst gleitender Zwölferdurchschnitt, dann gleitender Zweierdurchschnitt), daß wir aus der Inputreihe $\{x_1(t)\}$ mittels des einfachen gleitenden Zwölferdurchschnitts die Outputreihe $\{x_2(t)\}$ erhalten. $\{x_2(t)\}$ ist danach die Inputreihe für den einfachen gleitenden Zweierdurchschnitt, dessen Outputreihe $\{x_3(t)\}$ ist. Somit erhalten wir wegen (7.1.20)

$$(7.7.31) \quad \bar{f}_{x_2}(\lambda) = Tr_{12}(\lambda) \cdot \bar{f}_{x_1}(\lambda)$$

und weiter

$$(7.7.32) \quad \bar{f}_{x_3}(\lambda) = Tr_2(\lambda) \cdot \bar{f}_{x_2}(\lambda) \quad .$$

Setzen wir (7.7.31) in (7.7.32) ein, so gilt

$$(7.7.33) \quad \bar{f}_{x_3}(\lambda) = Tr_2(\lambda) \cdot Tr_{12}(\lambda) \cdot \bar{f}_{x_1}(\lambda) = Tr_{12M}(\lambda) \cdot \bar{f}_{x_1}(\lambda) \quad ,$$

wobei wir erkennen, daß für die Transferfunktion des gleitenden Zwölfmonatsdurchschnitts, $Tr_{12M}(\lambda)$, gilt

(7.7.34) $\quad Tr_{12M}(\lambda) = Tr_2(\lambda) \cdot Tr_{12}(\lambda)$.

Daraus ersehen wir, daß die Transferfunktion des gleitenden Zwölfmonatsdurchschnitts das Produkt der Transferfunktion des gleitenden Zweierdurchschnitts mit der Transferfunktion des gleitenden Zwölferdurchschnitts ist. Da das Produkt der Transferfunktionen kommutativ ist, ist hier die Reihenfolge der Filter unbeachtlich. Man kommt also zum gleichen Zwölfmonatsdurchschnitt, wenn man auf die Ursprungsreihe zunächst einen einfachen gleitenden Zweierdurchschnitt und auf die resultierende Outputreihe sodann einen einfachen gleitenden Zwölferdurchschnitt anwendet.

Zugleich läßt sich allgemein aus (7.7.34) folgern, daß die Transferfunktion eines sukzessiv aus Einzelfiltern zusammengesetzten Gesamtfilters gleich dem Produkt der Transferfunktionen der Einzelfilter ist.

Durch Einsetzen von (7.7.30) und (7.7.16) in (7.7.34) erhalten wir nach einiger Rechnerei für die Transferfunktion des gleitenden Zwölfmonatsdurchschnitts

(7.7.35) $\quad Tr_{12M}(\lambda) = [24^2 \sin^3(\frac{\lambda}{2})]^{-1} \times$

$\times [\frac{1}{2}\sin(\frac{\lambda}{2}) + \frac{1}{2}\sin(\frac{3}{2}\lambda) + \frac{1}{4}\sin(\frac{21}{2}\lambda) + \frac{1}{4}\sin(\frac{23}{2}\lambda) - \frac{1}{4}\sin(\frac{25}{2}\lambda) - \frac{1}{4}\sin(\frac{27}{2}\lambda)]$.

Dieses Ergebnis wird bestätigt, wenn man die von Fishman [41] berechnete reelle Frequenz-Antwort-Funktion des gleitenden Zwölfmonatsdurchschnitts quadriert.

Anhand des gleitenden Zwölfmonatsdurchschnitts sind die Möglichkeiten für die Berechnung der Transferfunktion von Kombinationen diverser Filter gezeigt worden. Die vorgeführten Berechnungen zeigen einen Weg, Filter der verschiedensten Art (Differenzenbildung beliebiger Ordnung, gleitende Durchschnitte einfacher und zusammengesetzter Art) zu konstruieren und aufgrund ihrer Transferfunktion für oder gegen ihre Anwendung zur Transformation ökonomischer Zeitreihen zu plädieren.

7.8. Rekursive Filter

In den Wirtschaftswissenschaften findet der Einsatz rekursiver Filter in neuerer Zeit stärkere Beachtung. An dieser Stelle sollen diese Filter kurz beschrieben und Zusammenhänge mit bereits bekannten Techniken aufgezeigt werden. Wegen einer umfassenden Darstellung rekursiver Filter sei verwiesen auf R.K. Otnes und L. Enochson: Digital Time Series Analysis. New York 1972, insbesondere Kapitel 3.

Rekursive Filter lassen sich dadurch charakterisieren, daß der Filteroutput zum Zeitpunkt t, $x_2(t)$, abhängig ist vom Filteroutput zu früheren Zeitpunkten und vom Filterinput $x_1(t)$. Rekursive Filter können in Kombination mit anderen Filtern natürlich auch vom Filterinput zu früheren Zeitpunkten abhängen. Den folgenden Filtertyp, in dem der Filteroutput $x_2(t)$ insbesondere vom Filteroutput der Vorperiode, $x_2(t-1)$, abhängt, kann man als <u>rekursiven Filter erster Ordnung</u> bezeichnen:

$$x_2(t) = a\, x_2(t-1) + f[x_1(t)] \quad ,$$

wofür man auch schreiben kann

(7.8.1) $\quad x_2(t) - a\, x_2(t-1) = f[x_1(t)]$.

Mit diesem Filter erhält also $x_2(t)$ an der Stelle k=0 das Gewicht 1 und $x_2(t-1)$ an der Stelle k=1 das Gewicht -a.

Betrachtet man dagegen den inversen Filter mit Input $x_2(t)$ und Output $f[x_1(t)]$, so erhält man über dessen Frequenz-Antwort-Funktion

(7.8.2) $\quad A_{R1I}(\lambda) = \sum_{k=-\infty}^{\infty} a_{R1I}(k) \cdot e^{-i\lambda k} = 1 - a e^{-i\lambda}$

dessen Transferfunktion

(7.8.3) $\quad Tr_{R1I}(\lambda) = |1 - a e^{-i\lambda}|^2 = (1 - a e^{-i\lambda})(1 - a e^{i\lambda})$

$\qquad = 1 + a^2 - 2a \cos \lambda$

und daher die Transferfunktion unseres rekursiven Filters erster Ordnung mit Input $f[x_1(t)]$ und Output $x_2(t)$ als

(7.8.4) $\quad Tr_{R1}(\lambda) = \dfrac{1}{1 + a^2 - 2a \cos \lambda}$.

Spezialfälle des rekursiven Filters erster Ordnung sind die sogenannten Tiefpaß- und Hochpaßfilter.

So erhält man für $f[x_1(t)] = (1 - a)x_1(t)$ aus (7.8.1) den Tiefpaßfilter (lowpass filter)

(7.8.5) $\quad x_2(t) - a x_2(t-1) = (1-a) x_1(t)$ mit $0 \leq a \leq 1$.

In den Wirtschaftswissenschaften ist dieser Filter bekannter unter dem Namen exponential smoothing (Siehe hierzu Leiner, B.: Vergleich einiger autoprojektiver Verfahren. Statistische Hefte, 16(1975), S. 29-38). Man beachte jedoch, daß im Vergleich zu den meisten Darstellungen des exponential smoothing in (7.8.5) die Gewichte a bzw. 1-a vertauscht sind.

Da 1-a hier lediglich ein Faktor für $x_1(t)$ ist, erhalten wir aus (7.8.2) die Frequenz-Antwort-Funktion für den inversen Filter mit Input $x_2(t)$ und Output $x_1(t)$ als

(7.8.6) $\quad A_{TPI}(\lambda) = \dfrac{1 - a e^{-i\lambda}}{1 - a}$

und damit die Transferfunktion des inversen Filters mit Input $x_2(t)$ und Output $x_1(t)$ als

(7.8.7) $\quad Tr_{TPI}(\lambda) = \dfrac{|1 - a e^{-i\lambda}|^2}{(1 - a)^2}$.

Somit ergibt sich die Transferfunktion des Tiefpaßfilters mit Input $x_1(t)$ und Output $x_2(t)$ als

(7.8.8) $\quad Tr_{TP}(\lambda) = \dfrac{(1 - a)^2}{1 + a^2 - 2a \cos \lambda}$.

Für $\lambda = 0$ nimmt die Transferfunktion des Tiefpaßfilters den maximalen Wert 1 an. Da die erste Ableitung von $Tr_{TP}(\lambda)$ bezüglich im Bereich $0 < \lambda < \pi$ (für positives a) negativ ist, hat die Transferfunktion des Tiefpaßfilters eine negative Steigung und nimmt für $\lambda = \pi$ den minimalen Wert $[(1-a)/(1+a)]^2$ < 1 an. Der Tiefpaßfilter läßt also die Nullfrequenz unverändert und dämpft die Hochfrequenzen stärker als die Niederfrequenzen.

Aus dem Tiefpaßfilter erhält man einen <u>Hochpaßfilter</u> (highpass filter), wenn man a durch eine negative Zahl ersetzt. Ein Hochpaßfilter ist somit

(7.8.9) $\quad x_2(t) - b\, x_2(t-1) = (1+b)\, x_1(t) \quad$ mit $-1 < b \leq 0$.

Aus (7.8.8) erhalten wir die Transferfunktion des Hochpaßfilters mit Input $x_1(t)$ und Output $x_2(t)$:

$$(7.8.10) \quad Tr_{HP}(\lambda) = \frac{(1+b)^2}{|1-b\,e^{-i\lambda}|^2} = \frac{(1+b)^2}{1+b^2-2b\cos\lambda} \; .$$

Für $\lambda = 0$ nimmt sie den minimalen Wert $(\frac{1+b}{1-b})^2 < 1$ und für $\lambda = \pi$ nimmt sie den maximalen Wert 1 an; von $\lambda = 0$ bis $\lambda = \pi$ nimmt die Transferfunktion des Hochpaßfilters für $b < 0$ monoton zu, was man durch Differenzieren von $Tr_{HP}(\lambda)$ bezüglich λ ersieht. Der Hochpaßfilter läßt also die Nyquistfrequenz als größte Frequenz unverändert und dämpft die Niederfrequenzen stärker als die Hochfrequenzen.

Unter einem <u>rekursiven Filter zweiter Ordnung</u> versteht man einen rekursiven Filter, in dem der Filteroutput $x_2(t)$ insbesondere vom Filteroutput der Periode t-2 abhängt:

$$(7.8.11) \quad x_2(t) - a_1\,x_2(t-1) - a_2\,x_2(t-2) = f[x_1(t)] \; .$$

Die Transferfunktion des rekursiven Filters zweiter Ordnung mit Input $f[x_1(t)]$ und Output $x_2(t)$ erhält man entsprechend als

$$(7.8.12) \quad Tr_{R2}(\lambda) = \frac{1}{|1 - a_1\,e^{-i\lambda} - a_2\,e^{-i2\lambda}|^2} \; .$$

Für den rekursiven Filter p-ter Ordnung mit Input $f[x_1(t)]$ und Output $x_2(t)$

$$(7.8.13) \quad \sum_{k=0}^{p} a_k\,x_2(t-k) = f[x_1(t)]$$

mit $a_0 = 1$ lautet dann die Transferfunktion

$$(7.8.14) \quad Tr_{Rp}(\lambda) = \frac{1}{|\sum_{k=0}^{p} a_k\,e^{-i\lambda k}|^2} \; .$$

Dagegen hat ein moving average-Filter q-ter Ordnung mit Input $x_1(t)$ und Output $x_2(t)$

$$(7.8.15) \qquad x_2(t) = \sum_{l=0}^{q} b_l \, x_1(t-l) \quad \text{mit } b_0 = 1$$

die Transferfunktion

$$(7.8.16) \qquad Tr_{MA}(\lambda) = |\sum_{l=0}^{q} b_l \, e^{-i\lambda l}|^2 \; .$$

Kombiniert man beide Filtertypen derart, daß

$$(7.8.17) \qquad \sum_{k=0}^{p} a_k \, x_2(t-k) = \sum_{l=0}^{q} b_l \, x_1(t-l)$$

mit $a_0 = b_0 = 1$, so lautet die Transferfunktion des kombinierten Filtertyps (7.8.17) mit Input $x_1(t)$ und Output $x_2(t)$

$$(7.8.18) \qquad Tr_{ARMA}(\lambda) = \frac{|\sum_{l=0}^{q} b_l \, e^{-i\lambda l}|^2}{|\sum_{k=0}^{p} a_k \, e^{-i\lambda k}|^2}$$

Dies ist die Transferfunktion des ARMA(p,q)-Filters, der auf Mischungen von autoregressiven Prozessen mit moving average-Prozesses angewandt wird, die für Analysen im Zeitbereich von großer Bedeutung sind.

Praxis

§ 8. Empirische Untersuchungen der Industrieproduktion der BRD mittels univariater Spektralprogramme

8.1. Vorbemerkungen

Zu Beginn dieser Untersuchungen konnte der Verfasser nicht auf vorhandene Computerprogramme am Rechenzentrum der Universität Heidelberg zurückgreifen. Aus der Literatur waren dem Verfasser bekannt die Computerprogramme von Karreman(1963) und Robinson (1967). Das Karreman-Programm war jedoch in einer älteren FORTRAN-Version geschrieben, während das Robinson-Programm lediglich aus einigen Unterprogrammen ohne verbindendes Hauptprogramm bestand. Beide Programme hatten den Nachteil, verschiedene Fenstertypen zu verwenden und enthielten vom statistischen Standpunkt nur wenige Maßzahlen und erlaubten keine Konfidenzaussagen.

Aufgrund seiner theoretischen Vorarbeiten ist es dem Verfasser gelungen, mit wohlwollender Unterstützung durch das Rechenzentrum der Universität Heidelberg, das hinreichend Rechenzeit zur Verfügung stellte, die Computerprogramme von Karreman und von Robinson zum Laufen zu bringen und eigene Computerprogramme zu entwickeln, die, vom statistischen Output gesehen, eine bedeutende Erweiterung der vorhandenen Programme darstellen. Durch zahlreiche Variationen der Programmstruktur konnten einige neuere Erkenntnisse gewonnen werden, die hier ausgewertet werden sollen.

Die mit diesen Computerprogrammen angestellte empirische Untersuchung beruht auf den Monatswerten des Index der industriellen Nettoproduktion für die Geamtindustrie der BRD. Es wurden die sogenannten kalendermonatlichen, d.h. nicht die von Kalenderunregelmäßigkeiten bereinigten Daten für die Jahre 1960 bis 1973 verwandt. Der Verfasser hegt einige Skepsis gegen bereinigte Daten[42], solange der Transformationsprozeß der Bereinigung vom Benutzer der Daten nicht überprüft werden kann. Von den Originalbasen 1950 und 1958 mußte vom Verfasser auf die Basis 1962 umbasiert werden.

Diese Zeitreihe für die gesamte Industrie mit insgesamt 168 Beobachtungswerten wurde mit einem Polynom zweiten Grades geglättet. Die Glättung ist gerade für ökonomische Zeitreihen erforderlich, da der starke Einfluß der Niederfrequenzen sonst die Stationaritätsannahme verletzt.

8.2. Interpretation der Untersuchungsergebnisse der univariaten Spektralanalyse

Aus den bisherigen Betrachtungen ist ersichtlich, daß es zahlreiche schätzmethodische Ansätze der univariaten Spektralanalyse gibt. Die Auswirkungen von Variationen des schätzmethodischen Ansatzes könnte man nun mittels Monte-Carlo-Simulationen untersuchen. Jedoch fand ich die in Leiner(1969) geäußerten Vorbehalte gegen die Aussagekraft von Monte-Carlo-Studien auch durch die seither publizierten Untersuchungen, die sich mit Monte-Carlo-Simulationen beschäftigen, nicht widerlegt.

Es mußte daher eine andere Möglichkeit gefunden werden, mit deren Hilfe ein kritischer Vergleich divergierender spektraler Schätzmethoden durchgeführt werden konnte. So war es naheliegend, die verschiedenen Programme zunächst mit einfachen Testreihen zu überprüfen. Die anfänglichen Programmierversuche beschränkten sich auf Zeitreihen mit nur zehn Werten, um den rechentechnischen Prozeß mittels eines programmierbaren Tischcomputers nachvollziehen zu können. Diese numerischen Versuche erhoben wegen zu geringer Beobachtungsanzahl keinen methodischen Anspruch, waren jedoch sehr informativ. Mit ihrer Hilfe konnten die Programme sukzessiv von der Berechnung von Autokovarianzen bis hin zur Kreuzspektralanalyse aufgebaut und in jedem Stadium auf rechnerische Richtigkeit überprüft werden. Somit konnten programmiertechnische Fehler, die in der Testphase beim Fehlen eines Testbeispiels lange Zeit unentdeckt bleiben können, vermieden werden.

Nach erfolgreichem Abschluß der ersten Testphase konnte am Großrechner mit dem ersten Computerprogramm mit den angegebenen empirischen Daten gerechnet werden. Die Basis für den Vergleich mit anderen Computerprogrammen war gegeben.

Modifikationen der univariaten Spektralprogramme ergeben sich allein schon aus der Wahl der Formel zur Schätzung der Autokovarianzfunktion, der Wahl des Lagfenster/Spektralfenster-Typs und der Wahl des maximalen Lagabstands. Weitere Unterschiede ergeben sich, wenn bei der Fouriertransformation nicht normiert wird, wenn einfachgenau statt doppeltgenau gerechnet wird oder wenn die Schätzung des Periodogramms nicht mit Autokovarianzfunktionen sondern nach (3.2.8) erfolgt.

Nachfolgend sind die wichtigsten Untersuchungsergebnisse der univariaten Spektralanalyse zusammengefaßt:

(1) Schätzung der Autokovarianzfunktionen: Alle Programme bis auf das Programm nach (3.2.8) beruhten auf Schätzungen von Autokovarianzfunktionen. Das Karreman-Programm lief in zwei Varianten: In der ersten Variante wurde das von Hann-Tukey-Spektralfenster verwandt aufgrund einer sehr eigenwilligen Berechnung der Autokovarianzen. Die zweite Variante basierte auf dem Parzen-Lagfenster. Für beide Varianten ergab sich nur eine Übereinstimmung der Schätzung der Varianzen(definitionsgemäß), während die Schätzungen der Autokovarianzfunktionen mit zunehmender zeitlicher Verschiebung stark divergierten. Für die zeitliche Verschiebung um 48 Monate berechnete die erste Karreman-Variante eine Autokovarianzfunktion von 34,4 , während die Autokovarianzfunktion für die gleiche zeitliche Verschiebung in der zweiten Karreman-Variante einen Wert von 24,6 ergab. Vom letzteren Wert weichen die restlichen Programme nur geringfügig ab(24,595 statt 24,588), was trotz unterschiedlicher Programmierung bei theoretisch ineinander überführbaren Formeln lediglich auf der doppelten Genauigkeit der Programme des Verfassers beruht.

(2) <u>Negative Spektralschätzungen</u>: Betrachtet man die Spektralanalyse als eine Verallgemeinerung der Varianzanalyse, so können negative Varianzbeiträge bestimmter Frequenzen bzw. Frequenzbänder nicht sinnvoll interpretiert werden. Negative Spektralschätzungen lieferten die von Hann-Tukey-Variante des Karreman-Programms und zwei der restlichen Programme. Die Ursache solcher negativer Spektralschätzungen, welche noch von Spektralanalytikern wie Granger und Hatanaka[43] hingenommen werden mußten, kann mit der vom Verfasser ausgeübten Form der Variation von Computerprogrammen eindeutig eingegrenzt werden. Das überraschende Ergebnis lautet, daß es nicht an dem verwendeten Fenstertyp (Bartlett, von Hann-Tukey, Hamming oder Parzen) liegt, wie nach Lektüre von Granger u. Hatanaka(1964) zu vermuten wäre, sondern daran, daß negative Spektralschätzungen nur auftreten, wenn Spektralprogramme benutzt werden, die mit Spektralfenstern statt mit Lagfenstern arbeiten. Den Beweis hierfür erbringen zwei meiner Kontrastprogramme, die sich von meinen beiden ebengenannten Computerprogrammen nur durch die Variation "Lagfenster statt Spektralfenster" unterscheiden und zu positiven Spektralschätzungen führen. In diesem Zusammenhang erweist es sich bei der von Hann-Tukey-Varianten des Karreman-Programms als irreführend, wenn das geschätzte Spektrum als Autokovarianztransformation AUCVTX bezeichnet wird, da man wohl hierunter eher eine geglättete Autokovarianzfunktion vermutet, so daß der negative Wert nicht als störend empfunden wird. Für die weitere Forschung ist festzuhalten: Das Parzenfenster darf nicht allein deswegen vorgezogen werden, weil es als Lagfenster in Computerprogrammen zur Verfügung steht, während der ungünstige Vergleich mit dem von Hann-Tukey-Fenster auf einem programmierten Spektralfenster basiert. Bei Betrachtung meines Datenmaterials im Zuge der verschiedenen Transformationen fiel auf, daß durch die Glättung mit dem Lagfenster (bei sonst gleichen Bedingungen) die negativen Einflüsse früher beseitigt werden als bei der alternativen Schätzung und Glättung des Spektrums mittels Spektralfenstern. Bei der Interpretation darf dieser psychologische Effekt sich nicht auswirken, wie wir aufgrund des nächsten Ergebnisses feststellen.

(3) <u>Lagfenster oder Spektralfenster</u>: Zu den Programmen mit dem von Hann-Tukey- bzw. Hamming-Lagfenster ergaben die Kontrastprogramme mit den zugehörigen Spektralfenstern: Für jede der Frequenzen stimmen die durch Spektralfenster geglätteten Spektralschätzungen auf mindestens drei Nachkommastellen überein mit den mittels Gewichtung durch Lagfenster erzielten Spektralschätzungen. Damit zeigt sich, daß - unabhängig vom gewählten Fenstertyp - die Verwendung von Lagfenstern im Vergleich zur Verwendung von Spektralfenstern bis auf minimale Unterschiede in der Rechengenauigkeit bei sonst gleichen Computerprogrammen zum gleichen Ergebnis führt. Von der Interpretation her haben Lagfenster den Vorteil, daß aus den gewichteten Autokovarianzfunktionen (die aus sachlogischen Gründen durchaus negativ sein dürfen) direkt die (eigentlich gewichteten) Spektralschätzungen gewonnen werden, die positiv sind. Dagegen resultiert für Spektralfenster der psychologisch unangenehme Effekt, daß

mangels Gewichtung der Autokovarianzfunktionen zunächst (oft) negative Spektralschätzungen (ohne Interpretationsmöglichkeit) erzielt werden, die erst durch die Transformation mittels Spektralfenster die positiven geglätteten Spektralschätzungen ergeben.

(4) **Maximaler Lagabstand**: Granger u. Hatanaka[44] empfehlen prinzipiell, daß der Lagabstand T_m kleiner als ein Drittel der Anzahl T der Beobachtungen sein soll. Ansonsten sei die Wahl eines T_m dem Benutzer überlassen. Für eine nicht große Anzahl von Beobachtungen ist jedoch nach Granger und Hatanaka das Verhältnis T_m/T auf ein Fünftel oder sogar ein Sechstel zu senken, wobei diese nicht große Anzahl allerdings nicht klar spezifiziert wird. Jenkins[45] kritisiert die in den Anfängen der modernen Spektralanalyse von Blackman u. Tukey empfohlene Regel, ein Verhältnis T_m/T von 5% bis 10% zugrundezulegen und setzt sich für ein Verhältnis T_m/T von 25% bis 30% ein. Karreman[46] setzt für das Verhältnis T_m/T die Obergrenze von 25%. Dem Verfasser erscheint aus statistischen Gründen eine Obergrenze von einem Drittel bis zu einem Viertel als angemessen, wobei für eine kleine Anzahl der Beobachtungen besonders die Spektralschätzungen für die Niederfrequenzen mit besonderer Vorsicht interpretiert werden sollten.

(5) **Division mit 2π**: Die verbreitete Vernachlässigung dieser Normierung bei der Schätzung des Spektrums hat zwar keinen Einfluß auf das Verhältnis der Frequenzbeiträge zueinander, so daß der Vergleich der Maxima nicht gestört wird, doch ist dies theoretisch bedenklich, da hierbei das Kriterium der asymptotischen Erwartungstreue verletzt wird.

(6) **Spektralschätzung ohne Autokovarianzfunktion**: Hierbei wurde (3.2.8.) verwendet und mit dem Korrekturfaktor ein modifiziertes Periodogramm geschätzt, das mangels Autokovarianzfunktion nur mit einem Spektralfenster geglättet werden konnte. Auffallend ist bei dem Programm, daß keine negativen Spektralschätzungen auftreten können, da mit Betragsfunktionen der komplexwertigen Funktionen und damit also mit reellwertigen nichtnegativen Funktionen gearbeitet wird. Tendenziell werden die Resultate der anderen Programme, die Autokovarianzfunktionen benutzen, bestätigt.

(7) **Spektrale Maxima**: Übereinstimmend ergab ein Vergleich der verwendeten Fenstertypen, daß für den Index der industriellen Nettoproduktion für die Gesamtindustrie der BRD im Untersuchungszeitraum folgende Frequenzen einen statistisch gesicherten Einfluß ausüben:

Der Einfluß der Niederfrequenzen ist trotz der Glättung mit einem Polynom zweiten Grades noch spürbar, so daß gerade die Nullfrequenz einen hohen Frequenzbeitrag im Vergleich zum stärksten Frequenzbeitrag aufweist. Die starke Vierjahresschwingung ist von den Niederfrequenzen die erste Schwingung, die in dem vierzehnjährigen Untersuchungszeitraum statistisch bestätigt werden kann. Der Frequenzbeitrag der Jahresschwingung ist ebenfalls stark signifikant. Den stärksten Frequenzbeitrag bei der polynomialen Glättung zweiten Grades weist die Halbjahresschwingung auf. Durch eine Vergleichsschätzung ohne polynomiale Glättung ergab sich, daß die Niederfrequenzen von dieser am stärksten reduziert wurden. Außerdem konnten noch eine ausgeprägte Viermonatsschwingung und eine Schwingung mit einer Periodizität von rd. drei Monaten festgestellt werden. Die restlichen Frequenzen haben allenfalls als Nachbarfrequenzen dieser durch Maxima ausgezeichneten Frequenzen Bedeutung.

§ 9. Empirische Untersuchungen der Industrieproduktion der BRD mittels multivariater Spektralprogramme

9.1. Vorbemerkungen

Aufgrund der bei der univariaten Spektralanalyse gewonnenen Erkenntnisse wurden vom Verfasser mit drei Computerprogrammen multivariate Spektralanalysen unternommen. Es handelte sich hierbei um ein aus Robinson-Unterprogrammen mit eigenem Hauptprogramm und Druckprogramm bestehendes Computerprogramm, um die in neuerem FORTRAN umgeschriebene Parzen-Version des Karreman-Programms und um ein vom Verfasser geschriebenes flexibles Computerprogramm.

Die empirische Untersuchung beruhte auf den Monatswerten des Index der industriellen Nettoproduktion der BRD für die Industrie insgesamt(Zeitreihe 1) und für die Industriezweige Investitionsgüterindustrien(Zeitreihe 2), Verbrauchsgüterindustrien(Zeitreihe 3), Grundstoff- und Produktionsgüterindustrien (Zeitreihe 4), Bauindustrie(Zeitreihe 5), Bergbau(Zeitreihe 6), Öffentliche Energiewirtschaft(Zeitreihe 7), Verarbeitende Industrie(Zeitreihe 8) sowie Nahrungs- und Genußmittelindustrien (Zeitreihe 9). Es wurden die kalendermonatlichen Daten für die Jahre 1960 bis 1973 verwandt, die vom Verfasser von den Originalbasen 1950 und 1958 auf die Basis 1962 umbasiert. Die Zeitreihen wurden einheitlich mit einem Polynom zweiten Grades geglättet.

9.2. Interpretation der Untersuchungsergebnisse der multivariaten Spektralanalyse

Trotz unterschiedlicher Programmierung unterscheiden sich die Ergebnisse des Robinsonprogramms von den Ergebnissen des Vergleichsprogramms des Verfassers in nur wenigen Details: Robinson normiert die Autospektren mit ihrem maximum maximorum, un-

terläßt die Normierung mit 2π und verändert die Reihenfolge
der zu vergleichenden Zeitreihen, so daß die Phasenverschiebung das Vorzeichen wechselt.

Das Karreman-Programm führt ebenfalls bei abweichender Programmierung zum gleichen Ergebnis wie das Vergleichsprogramm des
Verfassers in der Parzen-Version(Robinson arbeitet mit dem
Dreieckfenster nach Bartlett), wenn man von der fehlenden Normierung mit 2π absieht. Bei diesen Vergleichen erweist sich jedoch das Computerprogramm des Verfassers für den Benutzer als
vorteilhafter, da es eine größere Flexibilität bei der Auswahl des Fenstertyps aufweist und u.a. reichhaltiger an stastistischen Maßzahlen und Konfidenzaussagen ist. Die nachfolgende Auswertung stützt sich daher auf das Computerprogramm des
Verfassers in der Version mit dem Bartlett-Fenster(Lagfenster).
Die Version mit dem Parzen-Lagfenster weist nur geringfügige
Unterschiede hierzu auf.

Als Resultat meiner in den Vorbemerkungen abgegrenzten empirischen Untersuchung erhielt ich mit meinem Computerprogramm einen 67 Seiten umfassenden Computerausdruck, dessen Auswertung
hier nur in kondensierter Form versucht werden kann.

Berücksichtigt man, daß die multivariate Spektralanalyse über
die Autospektren die univariate Spektralanalyse beinhaltet, so
beginnen wir sinnvollerweise mit den Autospektren.

Ein simultaner Plot der Autospektren aller untersuchten Zeitreihen wäre zu unübersichtlich geworden, da durch die hohe Skalierung des Autospektrums der Bauindustrie die Feinheiten der
restlichen Autospektren verschwänden. Für die Autospektren habe
ich daher eine tabellarische Übersicht gewählt, die die aus den
Plots ersichtlichen Eigenheiten der individuellen Autospektren
zusammenfaßt. Hierbei wurde von der Einteilung der Ordinate in
neun Abschnitte (bei zehn gedruckten Ordinatenbeschriftungen)
Gebrauch gemacht. So erstreckt sich z.B. das maximum maximorum
eines Autospektrums stets über neun Abschnitte. Die anderen
Maxima dieses Autospektrums können danach beurteilt werden,
wieviel Neuntel des maximum maximorum sie betragen.

Betrachtet werden nur solche Maxima, die mehr als ein Neuntel
des maximum maximorum ausmachen. Diese sind in der nachfolgenden Tabelle für alle neun betrachteten Zeitreihen aufgeführt.

Hinter der jeweiligen Periodenlänge der begutachteten Schwingung steht in Klammern eine der Zahlen 1 bis 9, die die Größe
des zugehörigen Maximums im Vergleich zum maximum maximorum -
gemessen in Neunteln - repräsentiert. So erkennt man das maximum maximorum sofort an der 9, während etwa 1 für ein relativ
niedriges Maximum steht, das größer oder gleich einem Neuntel
(und natürlich kleiner als zwei Neuntel)des maximum maximorum
ist.

TABELLE 4
Mit univariater Spektralanalyse ermittelte Maxima

Lfd. Nr. der Zeitreihe	Bezeichnung der Zeitreihe	Periodenlänge in Monaten (Bewertung: 1 bis 9)
1.	Industrie insgesamt	48(5);12(2);6(9);4(1);2,9(1)
2.	Investitionsgüterindustrien	48(9);12(1);6(6);4(2);3(2)
3.	Verbrauchsgüterindustrien	48(2);12(2);6(9);4(1);2,9(1)
4.	Grundstoff- und Produktionsgüterindustrien	48(7);19,2(1);12(9);6(6); 4(1);2,9(1);2(1)
5.	Bauindustrie	12(9);6(1)
6.	Bergbau	96(9);12(5);2,9(2);2,4(1); 2(1)
7.	Öffentliche Energiewirtschaft	12(9)
8.	Verarbeitende Industrie	48(5);12(1);6(9);4(2);2,9(1)
9.	Nahrungs- und Genußmittelindustrien	12(9);6(4);4(2);2,9(1)

Für die Plots der Kohärenz- und Phasendiagramme ist eine übersichtliche Gesamtdarstellung nicht möglich. Hier muß sich die Betrachtung auf die jeweils interessierende Vergleichsfrequenz der beiden Zeitreihen konzentrieren. Welche Industriezweige und welche Frequenzen dabei zu betrachten sind, wird vom Interesse des Betrachters zu bestimmen sein. Wie vorsichtig hierbei die Interpretation zu gestalten ist, wird auch nach Lektüre von Abschnitt 6.2 in Granger u. Hatanaka(1964) offenkundig. Das schließt jedoch nicht aus, daß dieselben Autoren dem Irrtum verfallen sind, für zwei ökonomische Zeitreihen die Präsenz eines fixed angle-lags entdeckt zu haben, womit wir uns noch beschäftigen wollen.

§ 10. Ergänzende Betrachtungen und Untersuchungen zur multivariaten Spektralanalyse

10.1. Die Wirkungsweise der polynomialen Glättung

Beispielhaft sei die Wirkungsweise der polynomialen Glättung an der Zeitreihe 1 (Industrie insgesamt), d.h. am Nettoproduktionsindex für die Gesamtindustrie in der kalendermonatlichen Berechnung für die Jahre 1960 bis 1973 untersucht.

Wird der Trend nur mit einem Polynom ersten Grades, also durch eine lineare Funktion eliminiert, so lautet die Schätzung dieser Trendfunktion für die untersuchte Zeitreihe 1

$$I_t = -328,0 + 6,82\, t \qquad t=1,\ldots,168 ,$$

wenn

I_t = Wert des kalendermonatlichen Index der industriellen Nettoproduktion für die Gesamtindustrie in der Periode t

t = Zeitindex für die Monatswerte des Index I_t von Januar 1960 bis Dezember 1973.

Durch eine Varianzanalyse ergab sich, daß allein durch die lineare Trendfunktion die Variation der Variablen I_t zu rd. 90% erklärt wurde.

Wird der Trend mit einem Polynom zweiten Grades, also durch einen parabolischen Verlauf eliminiert, so lautet die Schätzung dieser Trendfunktion für die untersuchte Zeitreihe 1

$$I_t = 808,7 - 27,3\, t + 0,254\, t^2 \qquad t=1,\ldots,168 .$$

Durch die Varianzanalyse ergab sich, daß durch die parabolische Trendfunktion die Variation der Variablen I_t zu rd. 92% erklärt wurde.

Man erkennt, daß die Einführung polynomialer Trendvariablen noch höherer Ordnung - gemessen an der Gesamtvariation der Variablen I_t - keine wesentlichen Verbesserungen mehr beitragen kann, zumal die sachlogische Interpretation (Bestimmung der geeigneten Anzahl der Wendepunkte aus der Natur des Problems, wobei in der Prognoseperiode keine weiteren Wendepunkte mehr zulässig sind) ausgesprochen diffizil wird. Somit rechtfertigt sich an dieser Stelle der Einsatz der spektralanalytischen Methoden, die zyklische Verläufe besser verfolgen können.

Ein bekannter Einwand gegen die Spektralanalyse lautet, daß einerseits diese Methode nicht für trendbehaftete ökonomische Zeitreihen geeignet sei und daß andererseits durch die Trendbereinigung neue Variationen hochfrequentieller Art in die Zeitreihen gebracht würden.

Um die Berechtigung dieses Einwandes bei der polynomialen Glättung (insbesondere mit einem Polynom zweiten Grades) zu untersuchen, habe ich die untersuchten Zeitreihen 1 bis 9 in einem erneuten Rechengang unter sonst gleichen Bedingungen ohne polynomiale Glättung der multivariaten Spektralanalyse unterworfen. Zwar können dann spektralanalytisch keine gültigen Frequenzbetrachtungen angestellt werden, solange die Niederfrequenzen zu stark dominieren, doch ergaben sich durch Vergleich mit den früher gewonnenen Ergebnissen bei polynomialer Glättung folgende Entwicklungen:

Ohne polynomiale Glättung ist die Nullfrequenz der Gesamtindustrie mit einem Frequenzbeitrag von 4271 überaus stark (dieser Frequenzbeitrag wurde durch die polynomiale Glättung auf 18 reduziert). Die 48-Monatsschwingung kann noch als sehr stark bezeichnet werden, solange nicht polynomial geglättet wird. Die Halbjahresschwingung, die Viermonatsschwingung und die Schwingung von rd. drei Monaten konnten als Maxima bestätigt werden. Dagegen wird die Jahresschwingung stärker durch die polynomiale Glättung in ihrem Frequenzbeitrag reduziert als die Hochfrequenzen und entwickelt sich nach noch stärkerer Reduktion der Frequenzbeiträge der vorangehenden Niederfrequenzen erst nach der polynomialen Glättung zu einem der Maxima. Eine entscheidende Erkenntnis des Vergleichs ist jedoch, daß die polynomiale Glättung nicht dazu führt, daß die Hochfrequenzen in ihrem Niveau der Frequenzbeiträge in dem Maße überhöht werden, wie die Einflüsse der Niederfrequenzen beseitigt werden. Die durchgeführte Untersuchung legt eher die Hypothese nahe, daß der Einfluß der polynomialen Glättung sehr rasch mit zunehmender Frequenz abnimmt, also tatsächlich auf die Niederfrequenzen beschränkt bleibt. Auch die restlichen Zeitreihen bis auf die des Bergbaus bestätigen aufgrund ihres Erscheinungsbilds diese Entwicklung.

Dagegen wurde die Zeitreihe des Bergbaus von der polynomialen Glättung fast überhaupt nicht berührt, was durch die Varianzanalyse bestätigt werden konnte. Ohne polynomiale Glättung bildet der Frequenzbeitrag der 96-Monatsschwingung mit 47 das maximum maximorum, nach der polynomialen Glättung bildet der Frequenzbeitrag der 96-Monatsschwingung mit 42 wiederum das maximum maximorum. Da der Plot des Autospektrums ohne polyno-

miale Glättung mit dem Plot des Autospektrums mit polynomialer
Glättung fast identisch ist, dürfte hiermit auch der Einwand
widerlegt sein, daß man die Spektralanalyse nicht auf ökonomische Zeitreihen anwenden könne, da diese durchweg trendbehaftet
seien. Auch ein Plot dieser Zeitreihe ließ keinen sichtbaren
Trend erkennen.

10.2. Variation des maximalen Lagabstands

Die vorangegangenen Untersuchungen basierten bei 168 Beobachtungen je Zeitreihe auf einem maximalen Lagabstand von 48. Für
Monatsdaten ist bei der Wahl des maximalen Lagabstands zu beachten, daß dieser ein Vielfaches von 12 sein soll, da sonst
die Jahresperiode nicht vom Mittelpunkt des entsprechenden Frequenzbandes und mithin nicht exakt erfaßt werden kann.

Ein größerer maximaler Lagabstand als 48 Perioden ist bei nur
168 Beobachtungen aus Gründen der statistischen Signifikanz der
zu diagnostizierenden zyklischen Verläufe nicht ratsam. So wurde die Variation auf einen maximalen Lagabstand von 36 beschränkt. Aufgrund dieses kürzeren maximalen Lagabstands wurde
unter sonst gleichen Bedingungen die multivariate Spektralanalyse erneut für die neun Zeitreihen des Index der industriellen
Nettoproduktion durchgeführt. Wegen der großen Anzahl von Computerausdrucken sollen auch hier die relevanten Ergebnisse nur
in kondensierter Form wiedergegeben werden. Tabelle 5 enthält
analog zu Tabelle 4 die bewerteten Ergebnisse.

Durch Vergleich von Tabelle 5 mit Tabelle 4 erkennt man, daß
sämtliche diagnostizierten Hochfrequenzen bis hin zur Jahresschwingung bestätigt werden, wobei die Abweichung höchstens
einen Bewertungspunkt beträgt.

Da mit einem Lagabstand von 36 Monaten die 48-Monatsschwingung
nicht erfaßt werden kann, läßt sich eine Verschiebung der nach
polynomialer Glättung noch vorhandenen Frequenzbeiträge der
Niederfrequenzen auf die 72-Monatsschwingung beobachten. Da
diese Sechsjahresschwingung sich in einem Beobachtungszeitraum
von 14 Jahren nur zweimal realisiert, kann sie durch das Untersuchungsmaterial statistisch nicht bestätigt werden.

Für die Untersuchung mittelfristiger Schwingungen empfiehlt
sich daher der längere Lagabstand von 48 Monaten und - mit den
vom Datenmaterial gebotenen Einschränkungen - die Verwendung
möglichst langer Zeitreihen.

10.3. Kritische Anmerkungen zum fixed angle lag von Granger und Hatanaka

Da die generelle Auswertung eines Phasendiagramms ziemliche
Schwierigkeiten bereitet, haben Granger und Hatanaka [47] einige einfache Spezialfälle diskutiert, wobei der einfachste Fall,
den sie mit fixed angle lag bezeichnen, in einer für alle Frequenzen konstanten Phasenverschiebung besteht. In diesem Fall
weist im Phasendiagramm die Phasenverschiebung einen parallelen
Verlauf zur Frequenzachse auf.

TABELLE 5

Mit univariater Spektralanalyse ermittelte Maxima($T_m = 36$)

Lfd. Nr. der Zeitreihe	Bezeichnung der Zeitreihe	Periodenlänge in Monaten (Bewertung: 1 bis 9)
1.	Industrie insgesamt	72(6);12(2);6(9);4(1);2,9(1)
2.	Investitionsgüterindustrien	72(9);12(1);6(5);4(1);3(2)
3.	Verbrauchsgüterindustrien	72(2);12(2);6(9);4(1);2,9(1)
4.	Grundstoff- und Produktionsgüterindustrien	72(7);12(9);6(5);4(1); 2,9(1);2(1)
5.	Bauindustrie	12(9);6(1)
6.	Bergbau	∞(9);12(5);2,9(2);2,4(1); 2(1)
7.	Öffentliche Energiewirtschaft	12(9)
8.	Verarbeitende Industrie	72(6);12(1);6(9);4(2);2,9(1)
9.	Nahrungs- und Genußmittelindustrien	12(9);6(4);4(2);2,9(1)

Die **großen** Schwierigkeiten bei der Auswertung von Phasendiagrammen erkennt man nun an einem von Granger und Hatanaka durchgerechneten Beispiel [48], das sie als Verifikation dieser vereinfachenden Hypothese im ökonomischen Bereich ansehen. Hierbei haben Granger und Hatanaka eine bivariate Spektralanalyse der Zeitreihen "commercial paper rate" und "call money rate" durchgeführt, wobei sie bemerken: "The estimated spectrum of the call money rate was similar in general appearance to that of the commercial paper rate"[49]. Trotzdem behaupten sie dann: "The angle diagram is seen to oscillate about a horizontal line around 340° and thus indicates a fixed angle lag relationship between the two series, with the call money rate leading"[48].

Diese Interpretation beruht zunächst einmal auf einer Eigenart des von Granger und Hatanaka benutzten Originalprogramms von Karreman, in dem die Kopplung der FORTRAN-Funktion ATANF mit einer additiven Verschiebung bewirkt, daß die Phase um den Wert $2\pi(360°)$ statt um $0(0°)$ angeordnet wird, was mindestens optisch irritiert. So würde für das betrachtete Beispiel eine Oszillation um $-20°$ den Tatsachen eher entsprechen als eine Oszillation um die beachtliche Verschiebung von $340°$. In meinem eigenen Computerprogramm verwende ich die IBM-Funktion ATAN2, die gewährleistet, daß der Hauptwert des Arcustangens im Intervall $[-\pi,\pi]$ definiert ist. Beachtet man dann noch die starke, aus dem Phasendiagramm ersichtliche Variation, so ist die Behauptung auch einer konstanten Verzögerung um $20°$ für alle Frequenzen geradezu absurd. Darüberhinaus ist zu bedenken, daß wegen der Nähe zum Phasenwert $0°$ besser keine generelle Aussage sondern eher für jede Frequenz die Prüfung der Abweichung der Phasenverschiebung von $0°$ anzuraten ist.

So kann auch der von Granger und Hatanaka vorgenommene Vorzeichentest [50] die Hypothese des fixed angle lag nicht glaubhaft stützen. Denn dieser Test berücksichtigt nur einen Bruchteil der verfügbaren Information, nämlich gerade nur das Vorzeichen der Abweichung und kann daher über eine mit dem einfachen arithmetischen Mittel gemessene Abweichung von $24,65°$ ($=360°-336,35°$) keine numerische Auskunft geben. Hierbei geben Granger und Hatanaka zwar $336,35°$ an, rechnen jedoch einfach mit gerundet $20°$. Des weiteren unterstellt dieser Test, daß die Abweichungen binomialverteilt sind. Auch die berechneten Werte können nicht zufriedenstellen: Bei insgesamt 79 Frequenzen (die erste und letzte Frequenz nicht eingerechnet), von denen 9 einen größeren und 31 einen kleineren Frequenzbeitrag als $360°$ ($0°$) aufweisen sollen, sucht man vergeblich im Plot des Phasendiagramms von Granger und Hatanaka [51] nach den verbleibenden 39 Nullstellen. Hierbei handelt es sich um fiktive Nullstellen, da jede zweite Phasenverschiebung übersprungen wird. Außerdem ist nicht nur der Mittelwert der Binomialverteilung von 20 ungenau, der interessierte Leser muß sich fragen, wie $(1/2)\cdot\sqrt{40}$ die ausgewiesene Standardabweichung von $2,24$ ergeben soll. Eine weitere Überprüfung ist ohne Daten nicht möglich.

Somit kann die Ablehnung der Nullhypothese aufgrund dieser undurchsichtigen Anwendung dieses wenig aussagefähigen Tests durch Granger und Hatanaka kaum überzeugen, wodurch m.E. die Hypothese des fixed angle lag noch immer eines glaubhaften empirischen Beweismaterials bedarf.

Noch viel geringer wird die Chance zu erachten sein, in der Empirie ein Phasendiagramm zu gewinnen, in dem die Phasenverschiebung eine linear ansteigende (oder fallende) Funktion der Frequenz sein wird - ein weiterer Spezialfall von Granger und Hatanaka [52].

Die Ablehnung des fixed angle lag findet m.E. insbesondere darin ihre Unterstützung, daß das von Granger und Hatanaka publizierte Kohärenzdiagramm zu dieser bivariaten Analyse [51] solche verwegene Schlußfolgerungen nicht gestattet, da gut 60 von 81 Frequenzen eine Kohärenz von weniger als 0,5 aufweisen.

10.4. Kohärenz und Phasenverschiebung der untersuchten Zeitreihen des Index der industriellen Nettoproduktion

Wie wir in 10.3. gesehen haben, sind generelle Betrachtungen des Phasendiagramms prinzipiell von geringem Aussagewert. So sei hier nur noch eine kurze summarische Auswertung für die Kohärenzen angegeben, die sich aus der Untersuchung aller Kombinationen der neun betrachteten Zeitreihen des Index der industriellen Nettoproduktion ermitteln ließen, woran sich eine detaillierte Auswertung anschließen soll.

Folgende Zeitreihenkombinationen der jeweils bivariaten Spektralanalyse auf der Basis von neun betrachteten Zeitreihen wiesen eine quadratische Kohärenz von 0,49 und mehr für alle Frequenzen auf:

Zeitreihenpaar		niedrigste quadrat. Kohärenz
Industrie insgesamt	- Verbrauchsgüterind.	0,54
Industrie insgesamt	- Verarbeitende Industrie	0,96
Investitionsgüterindustrien	- Verarbeitende Industrie	0,49
Verbrauchsgüterindustrien	- Verarbeitende Industrie	0,54

Man erkennt, daß nur bei sehr hohem Aggregationsgrad insgesamt hohe quadratische Kohärenzen beobachtet werden konnten. So lag das Gewicht der Verarbeitenden Industrie bei der Berechnung des Index der industriellen Nettoproduktion für die Industrie insgesamt im Jahre 1974 bei rd. 85%.

In den nachstehenden Tabellen wurden die wichtigsten - aufgrund der Autospektren ermittelten - Schwingungen(Vierjahres-, Jahres-, Halbjahres-, Viermonats- und 2,9-Monatsschwingung) für die bivariaten Spektralanalysen der Zeitreihe Industrie insgesamt einerseits und der restlichen Zeitreihen andererseits ausgewertet bezüglich der Phasenverschiebung und Kohärenz. Hierbei sind in Klammern die entsprechenden Werte beigefügt, die sich bei der Untersuchung ohne vorangehende polynomiale Glättung ergaben. Die Phasenverschiebung wurde in Grad und in Monaten angegeben, wobei man die Phasenverschiebung in Monaten, τ, aus der Phasenverschiebung in Grad, ϕ erhält durch [53]

$$\tau = \phi \cdot \frac{f}{360} \quad ,$$

wobei f für die Frequenz der betrachteten Phasenverschiebung steht, wegen der Proportion(hierbei ist f=1/T;T=Periodenlänge):

$$\frac{\tau}{T} = \frac{\phi}{360} \quad .$$

Die Phasenverschiebung in Monaten wurde auf- bzw. abgerundet.

Da der Hauptwert des Arcustangens nur im Intervall $[-\pi,\pi]$ bestimmt werden kann, gilt für die Phasenverschiebung in Grad

$$\phi = \phi' \pm 360° \cdot k \qquad k = 0, 1, 2, \ldots \quad ,$$

wobei ϕ' der berechnete Phasenwinkel ist. Entsprechend gilt für die Phasenverschiebung in Monaten

$$\tau = \tau' \pm T \cdot k \qquad k = 0, 1, 2, \ldots \quad ,$$

wobei τ' die berechnete Phasenverschiebung in Monaten ist [54].

Für die nachfolgende Interpretation der Tabellen 6 bis 10 ist zu beachten, daß die Berechnung ohne polynomiale Glättung keine eigenständige Bedeutung hat, da zumeist für die ungeglätteten Zeitreihen das Erfordernis der Stationarität nicht gegeben ist. Gleichwohl kann man eine Art Sensitivitätsanalyse der Rechenergebnisse bezüglich der Wirkung der polynomialen Glättung anstellen, worauf gerade für Niederfrequenzbetrachtungen nicht verzichtet werden darf.

Betrachten wir zunächst die berechneten Werte von Phasenverschiebung und Kohärenz für die Vierjahresschwingung(Tabelle 6), wobei - wie auch in den Tabellen 7 bis 10 - nur die bivariaten Spektralanalysen zwischen der Zeitreihe Gesamtindustrie einerseits und den disaggregierten Zeitreihen andererseits betrachtet wurden. Für diese Niederfrequenzen ist überwiegend ein Sinken der Kohärenz aufgrund der polynomialen Glättung festzustellen. Die Ausnahmen bilden hierbei die beiden bivariaten Spektralanalysen von "Industrie insgesamt - Investitionsgüterindustrien", für die die Diskrepanz (0,037) zwischen den Kohärenzen nicht groß ist, sowie von "Industrie insgesamt - Bergbau", deren starke Diskrepanz (0,534) der Kohärenzen zurückzuführen ist auf die durch die polynomiale Glättung erfolgreich trendbereinigte Zeitreihe Gesamtindustrie (im Vergleich zu der gegenüber der polynomialen Glättung invarianten Zeitreihe Bergbau).

TABELLE 6

Phasenverschiebung und Kohärenz für die Vierjahresschwingung
(Die Werte in Klammern beruhen auf der Berechnung ohne polynomiale Glättung)

	Phasenverschiebung		Kohärenz
	in Grad	in Monaten	
Industrie insgesamt - Investitionsgüterindustrien	8° (2°)	1 (0)	0,984 (0,947)
Industrie insgesamt - Verbrauchsgüterindustrien	-3° (-3°)	0 (0)	0,726 (0,974)
Industrie insgesamt - Grundstoff- u. Produktionsgüterindustrien	-22° (1°)	-3 (0)	0,890 (0,976)
Industrie insgesamt - Bauindustrie	42° (-1°)	6 (0)	0,350 (0,813)
Industrie insgesamt - Bergbau	16° (-80°)	2 (-11)	0,550 (0,016)
Industrie insgesamt - Öffentl. Energiewirtschaft	13° (1°)	2 (0)	0,523 (0,940)
Industrie insgesamt - Verarbeitende Industrie	-1° (0°)	0 (0)	0,995 (0,999)
Industrie insgesamt - Nahrungs- u. Genußmittelindustrien	5° (-2°)	1 (0)	0,231 (0,914)

TABELLE 7

Phasenverschiebung und Kohärenz für die Jahresschwingung
(Die Werte in Klammern beruhen auf der Berechnung ohne polynomiale Glättung)

	Phasenverschiebung in Grad	Phasenverschiebung in Monaten	Kohärenz
Industrie insgesamt - Investitionsgüterindustrien	53° (25°)	2 (1)	0,808 (0,811)
Industrie insgesamt - Verbrauchsgüterindustrien	45° (27°)	1 (1)	0,918 (0,829)
Industrie insgesamt - Grundstoff- u. Produktionsgüterindustrien	-71° (-36°)	2 (1)	0,799 (0,741)
Industrie insgesamt - Bauindustrie	-68° (-64°)	-2 (-2)	0,880 (0,525)
Industrie insgesamt - Bergbau	67° (76°)	2 (3)	0,728 (0,492)
Industrie insgesamt - Öffentl. Energiewirtschaft	88° (69°)	3 (2)	0,620 (0,457)
Industrie insgesamt - Verarbeitende Industrie	1° (0°)	0 (0)	0,995 (0,998)
Industrie insgesamt - Nahrungs- u. Genußmittelindustrien	-1° (0°)	0 (0)	0,878 (0,768)

TABELLE 8

Phasenverschiebung und Kohärenz für die Halbjahresschwingung
(Die Werte in Klammern beruhen auf der Berechnung ohne polynomiale Glättung.)

	Phasenverschiebung		Kohärenz
	in Grad	in Monaten	
Industrie insgesamt - Investitionsgüterindustrien	10° (8°)	0 (0)	0,990 (0,987)
Industrie insgesamt - Verbrauchsgüterindustrien	-18° (-17°)	0 (0)	0,990 (0,976)
Industrie insgesamt - Grundstoff- u. Produktionsgüterindustrien	-15° (-9°)	0 (0)	0,990 (0,960)
Industrie insgesamt - Bauindustrie	-1° (-3°)	0 (0)	0,915 (0,870)
Industrie insgesamt - Bergbau	-14° (-21°)	0 (0)	0,460 (0,497)
Industrie insgesamt - Öffentl. Energiewirtschaft	39° (28°)	1 (0)	0,502 (0,508)
Industrie insgesamt - Verarbeitende Industrie	-1° (-1°)	0 (0)	0,999 (0,999)
Industrie insgesamt - Nahrungs- u. Genußmittelindustrien	17° (14°)	0 (0)	0,955 (0,949)

TABELLE 9

Phasenverschiebung und Kohärenz für die Viermonatsschwingung
(Die Werte in Klammern beruhen auf der Berechnung ohne polynomiale Glättung)

	Phasenverschiebung		Kohärenz
	in Grad	in Monaten	
Industrie insgesamt - Investitionsgüterindustrien	-16°(-17°)	0 (0)	0,968 (0,944)
Industrie insgesamt - Verbrauchsgüterindustrien	-18°(-17°)	0 (0)	0,957 (0,934)
Industrie insgesamt - Grundstoff- u. Produktionsgüterindustrien	9° (10°)	0 (0)	0,987 (0,947)
Industrie insgesamt - Bauindustrie	30° (24°)	0 (0)	0,652 (0,643)
Industrie insgesamt - Bergbau	35° (24°)	0 (0)	0,744 (0,607)
Industrie insgesamt - Öffentl. Energiewirtschaft	90° (63°)	1 (1)	0,587 (0,424)
Industrie insgesamt - Verarbeitende Industrie	-4° (-4°)	0 (0)	0,997 (0,997)
Industrie insgesamt - Nahrungs- u. Genußmittelindustrien	31° (23°)	0 (0)	0,897 (0,859)

TABELLE 10

Phasenverschiebung und Kohärenz für die 2,9-Monatsschwingung
(Die Werte in Klammern beruhen auf der Berechnung ohne polynomiale Glättung)

	Phasenverschiebung		Kohärenz
	in Grad	in Monaten	
Industrie insgesamt – Investitionsgüterindustrien	-6° (-5°)	0 (0)	0,843 (0,869)
Industrie insgesamt – Verbrauchsgüterindustrien	3° (2°)	0 (0)	0,979 (0,976)
Industrie insgesamt – Grundstoff- u. Produktionsgüterindustrien	9° (8°)	0 (0)	0,878 (0,890)
Industrie insgesamt – Bauindustrie	5° (1°)	0 (0)	0,376 (0,386)
Industrie insgesamt – Bergbau	7° (4°)	0 (0)	0,835 (0,656)
Industrie insgesamt – Öffentl. Energiewirtschaft	23° (21°)	0 (0)	0,511 (0,569)
Industrie insgesamt – Verarbeitende Industrie	-1° (-1°)	0 (0)	0,998 (0,998)
Industrie insgesamt – Nahrungs- u. Genußmittelindustrien	-7° (-8°)	0 (0)	0,671 (0,643)

Für die ökonomisch relevante Phasenverschiebung in Monaten lassen sich interessante Verschiebungen der Vierjahresschwingungen der disaggregierten Zeitreihen im Vergleich zur Vierjahresschwingung der Gesamtindustrie wegen der aus dem Fortfall der polynomialen Glättung resultierenden starken Diskrepanzen nicht bestätigen. Das krassestes Beispiel hierfür liefert wieder die bivariate Spektralanalyse von "Industrie insgesamt - Bergbau", wo bei polynomialer Glättung die Vierjahresschwingung der Gesamtindustrie der des Bergbaus um 2 Monate vorauseilt, während bei Fortfall der polynomialen Glättung die Vierjahresschwingung der Gesamtindustrie der des Bergbaus um elf Monate nachhinkt.

Dieses Beispiel spricht nicht gegen die Durchführung der polynomialen Glättung, da das Stationaritätserfordernis auch bei einer anderen Form der Glättung zu einer Reduktion der Niederfrequenzen führt und da die polynomiale Glättung sich zudem bei den höheren Frequenzen neutral verhält. Vielmehr wird hierdurch eine vorsichtige Interpretation der Spektralanalyse längerfristiger Schwingungen ratsam [55], weil letztere durch die polynomiale Glättung am stärksten betroffen werden. Der Vorzug der hier durchgeführten Analyse besteht in der unmittelbaren Transparenz der durchgeführten Operationen im Vergleich zu traditionellen Methoden der Zeitreihenanalyse.

Es ist noch zu bemerken, daß selbst bei dem mit der bivariaten Spektralanalyse der Zeitreihen "Industrie insgesamt - Bauindustrie" errechneten stärksten Vorauseilen (dieser errechnete Wert ist schon wegen der niedrigen Kohärenz von 0,350 nicht als aussagefähig anzusehen) der Vierjahresschwingung der Gesamtindustrie um sechs Monate gegenüber der Vierjahresschwingung der Bauindustrie die dazu auf rechnerischer Basis äquivalenten Verschiebungen, nämlich das Vorauseilen um 54 (=6+48), 102 (=6+96) usw. Monate sowie das Nachhinken um 42 (=6-48), 90 (=6-96) usw. Monate zu weit von vernünftigerweise anzustellenden Hypothesen entfernt sind.

Die genauere Betrachtung von Phasenverschiebung und Kohärenz für die Jahresschwingung(Tabelle 7) führt zu folgenden Schlußfolgerungen:

Die Diskrepanz zwischen der mit polynomialer Glättung ermittelten Kohärenz und der ohne polynomiale Glättung ermittelten Kohärenz ist für alle betrachteten Zeitreihenpaare nicht mehr so kraß wie für die zuvor betrachtete Vierjahresschwingung. Dies ist ein weiteres Indiz für die vom Verfasser vertretene Hypothese, daß die Wirkung der polynomialen Glättung mit zunehmender Frequenz abnimmt, so daß der Zusammenhang der Zeitreihen bezüglich der betrachteten Frequenz gegenüber der polynomialen Glättung invariant ist.

Ohne polynomiale Glättung liegen bis auf die Kohärenz der Zeitreihen "Industrie insgesamt - Bergbau" alle Kohärenzen der Jahresschwingung niedriger als die vergleichbaren Kohärenzen der Vierjahresschwingung, was wiederum (mit Ausnahme des Bergbaus) die Gemeinsamkeit der Anwesenheit starker Niederfrequenzen in den Ursprungsreihen dokumentiert.

Die berechnete Phasenverschiebung in Monaten wird mit einer Abweichung von höchstens einem Monat für die Jahresschwingung durch die Untersuchung ohne polynomiale Glättung bestätigt. Für die Jahresschwingung ist bei der Interpretation der Phasenverschiebung der entsprechende Wert der Kohärenz mitzuberücksichtigen, da bei niedriger Kohärenz der Aussagewert einer markanten Phasenverschiebung dennoch unbedeutend ist.

Für die Halbjahresschwingung(Tabelle 8) zeichnet sich eine sehr gute Übereinstimmung der Kohärenzen bei polynomialer Glättung mit den Kohärenzen ohne polynomiale Glättung ab. Die stärkste Abweichung von 0,045 (=0,915-0,870) betraf hierbei die Kohärenz der Zeitreihen "Industrie insgesamt - Bauindustrie". Damit zeigt sich immer deutlicher, daß die Wirkung der polynomialen Glättung mit zunehmender Frequenz nachläßt.

Die berechnete Phasenverschiebung in Monaten für die Halbjahresschwingung ist bis auf die der Zeitreihen "Industrie insgesamt - Öffentliche Energiewirtschaft" bei polynomialer Glättung (+ 1 Monat) sonst Null.

Für die Viermonatsschwingung(Tabelle 9) bewirkt der Fortfall der polynomialen Glättung eine spürbare Veränderung der Kohärenzen nur für die ohnehin niedrigen Kohärenzen der Zeitreihen "Industrie insgesamt - Bauindustrie" sowie "Industrie insgesamt - Bergbau".

Die berechneten Phasenverschiebungen in Monaten sind mit Ausnahme der von "Industrie insgesamt - Öffentliche Energiewirtschaft" mit + 1 Monat sonst allesamt Null mit und ohne polynomiale Glättung.

Für die 2,9-Monatsschwingung(Tabelle 10) führt der Fortfall der polynomialen Glättung nur für die Kohärenz der Zeitreihen "Industrie insgesamt - Bergbau" zu einer deutlichen Veränderung (die Kohärenz sinkt von 0,835 auf 0,656).

Sämtliche berechneten Phasenverschiebungen (mit und ohne polynomiale Glättung) sind Null.

10.5. Signifikanztest für die quadratische Kohärenz und Konfidenzbänder für den Phasenwinkel

Goodman(1957) hat nach Angaben von Granger und Hatanaka [56] für einen bivariaten normalverteilten Prozeß mit Schätzungen der Autospektren, des Ko- und Quadratspektrums, die einer komplexen Wishart-Verteilung gehorchen, bei Verwendung eines Spektralfensters ohne Durchsickern(leakage) spektraler Masse einen Test für die quadratische Kohärenz entwickelt, der ansonsten nicht auf den Fenstertyp eingeht. Von der in Granger u. Hatanaka (1964) auf S. 79 publizierten Tabelle, die auf diesem Test beruht, ist für praktische ökonomische Untersuchungen eigentlich nur ein einziger Wert relevant:

Für ein Verhältnis der Anzahl der Beobachtungen, T, zum maximalen Lagabstand, T_m, von $T/T_m = 4$ (höhere Verhältnisse sind für ökonomische Zeitreihen irreal, kleinere Verhältnisse sind nicht berücksichtigt) und einer Irrtumswahrscheinlichkeit von 5% (es sind nur noch Werte für die sehr große Irrtumswahrscheinlichkeit von 10% und die noch größere Irrtumswahrscheinlichkeit für den Median tabelliert) ergibt sich ein tabellierter Wert von 0,795.

Dies sollte nach Granger und Hatanaka eigentlich der Wert für die Wurzel aus der quadratischen Kohärenz sein, so daß eine berechnete quadratische Kohärenz für $T/T_m = 4$ größer sein sollte als $0,795^2$, um mit 5% Irrtumswahrscheinlichkeit signifikant von Null verschieden zu sein. Folgt man dagegen dem Rechenbeispiel von Granger und Hatanaka, so sollte eine berechnete quadratische Kohärenz für $T/T_m = 4$ größer sein als $\sqrt{0,795}$, um mit 5% Irrtumswahrscheinlichkeit signifikant von Null verschieden zu sein.

Somit mußte die empirische Untersuchung des Verfassers ohne einen Kohärenztest auskommen, wobei anzumerken ist, daß es dem Verfasser trotz großer Anstrengungen bislang nicht gelungen ist, in den Besitz des Goodmanschen Forschungsberichts zu gelangen.

Noch gravierender ist die Berechnung von Konfidenzbändern für den Phasenwinkel. So wird auch eine Berechnung Goodmans von Granger und Hatanaka abgelehnt wegen der zu speziellen Voraussetzungen, daß einerseits hierzu die berechnete Kohärenz als "wahre" Kohärenz angenommen werden muß und daß andererseits das Durchsickern (leakage) keinen Einfluß haben soll. Aufgrund von Jenkins (1963) haben Granger und Hatanaka eine Tabelle erstellt, für deren Anwendung sie allerdings wegen der nur sehr groben Approximationen selbst zu beträchtlicher Vorsicht mahnen. Auch hier dürfte für ökonomische Anwendungen nur ein Ausschnitt, nämlich die erste Zeile der Tabelle (für $T/T_m = 4$) zur Diskussion stehen. Insgesamt bestätigt die Tabelle, daß bei niedrigen Kohärenzen mit großen Konfidenzbändern gerechnet werden muß. Beispielsweise erhält man für $T/T_m = 4$ und eine Kohärenz (vermutlich quadratische Kohärenz) von 0,1 ein Konfidenzband um den Phasenwinkel von $\pm 56°$. Hierbei fragt sich der kritische Leser, ob bei den zugegebenen groben Approximationen $\pm 56°$ nicht mit gleicher Berechtigung durch $\pm 90°$ ersetzt werden kann.
Solange die Konfidenzbänder nicht exakter bestimmt werden können aufgrund von realitätsnahen Annahmen, die etwa den verwendeten Fenstertyp berücksichtigen und den stochastischen Charakter der quadratischen Kohärenz, kann m.E. auf die Scheingenauigkeit solcher Tabellen verzichtet werden, da sie die Gefahr der unkritischen, mechanischen Anwendung in sich tragen.

Anmerkungen

[1] Wegen Detailfragen sei verwiesen auf Blackman u. Tukey (1958), wo der interessierte Leser weitere Literaturhinweise findet.
[2] Vgl. wegen seismischer Anwendungen Bogert, Healy u. Tukey (1963). Kreuzspektralanalytische Untersuchungen meteorologischer Probleme findet man in Panofsky (1967).
[3] Die Formeln in diesem Abschnitt findet man in mathematischen Formelsammlungen. Hier wurde zurückgegriffen auf Bronstein u. Semendjajew (1970), S. 155-157,265, 315, 318 u. 326.
[4] Vgl. zu diesem Abschnitt Menges (1972), 6. Kapitel, Yaglom (1962), S. 9, Fishman (1969), S. 7, Hannan (1960), S. 2. Ein anschauliches Beispiel zur Interpretation einer Zufallsvariablen beschreiben Jenkins u. Watts (1968), S. 59-60.
[5] Wegen einer ausführlichen Darstellung des Ergodizitätstheorems nach Birkhoff-Khintchine sei verwiesen auf Cramér u. Leadbetter (1967), S. 151-157.
[6] Vgl. Yaglom (1962), S. 21.
[7] Siehe Granger u. Hatanaka (1964), S. 59.
[8] Vgl. hierzu auch Yaglom (1962), S. 34-35, Granger u. Hatanaka (1964), S. 27-28, Dhrymes (1970), S. 398.
[9] Vgl. Yaglom (1962), S. 36-39.
[10] Vgl. zur Definition der absolut stetigen Funktion Dhrymes (1970), S. 555.
[11] Vgl. wegen einer allgemeinen Darstellung Dhrymes (1970), S. 462-463.
[12] Siehe Hannan (1960), S. 52-53.
[13] Siehe Fishman (1969), S. 103.
[14] Siehe Dhrymes (1970), S. 424-426.
[15] Einen graphischen Vergleich dieses Spektralfensters mit anderen Spektralfenstern findet man in Jenkins u. Watts (1968), S. 246.
[16] Vgl. Blackman (1965), S. 133, Fig. 10.5.
[17] Vgl. Jenkins u. Watts (1968), S. 245, Fig. 6.12.
[18] Vgl. hierzu Jenkins u. Watts (1968), S. 243ff.
[19] Siehe Jenkins u. Watts (1968), S. 246.
[20] Vgl. zu diesem Abschnitt den Ansatz von Jenkins u. Watts (1968), S. 238 u. 250-251. Die Annahme eines glatten Verlaufs des Spektrums dürfte gerade für ökonomische Anwendungen überaus problematisch sein, doch fehlt gerade für die Ökonomie noch das a priori-Wissen, das zu detaillierteren Annahmen führen könnte.
[21] Siehe Jenkins u. Watts (1968), S. 253.
[22] Siehe Jenkins u. Watts (1968), S. 245.
[23] Vgl. etwa Jenkins (1961), S. 148, Fishman (1969), S. 93, Gröhn (1970), S. 60-61, König u. Wolters (1972), S. 66, Dhrymes(1970), S. 496-498.
[24] Siehe Parzen (1961), S. 171.

[25] Vgl. Jenkins (1961), S. 153-155 sowie Jenkins u. Watts (1968), S. 256.
[26] Vgl. Priestley (1962), S. 557.
[27] Wegen der Beziehung zwischen Varianz und Bandbreite sei verwiesen auf die Kontroverse zwischen Grenander (1951) und Lomnicki u. Zaremba (1957),(1959).
[28] Vgl. Fig. 3.10. in Jenkins u. Watts (1968), S. 82.
[29] Dhrymes (1970), S. 457-458, zeigt beispielsweise, daß zwei Zufallsprozesse, die schwach stationär sind, nichtstationäre Kreuzkovarianzfunktionen aufweisen können.
[30] Vgl. Jenkins u. Watts (1968), S. 464 sowie Dhrymes (1970), S. 465-466.
[31] Vgl. Granger u. Hatanaka (1964), S. 78, Jenkins u. Watts (1968), S.430, Fishman (1969), S. 65.
[32] Siehe Granger u. Hatanaka (1964), S. 101.
[33] Vgl. hierzu Granger u. Hatanaka (1964), S. 83-85.
[34] Vgl. Grenander u. Rosenblatt (1956), S. 85.
[35] Vgl. auch Fishman (1969), S. 41, Dhrymes (1970), S. 444-445, Wetzel (1970), S. 34, König u. Wolters (1972), S. 45.
[36] Vgl. Dhrymes (1970), S. 446-449, König u. Wolters (1972), S. 46.
[37] Vgl. Dhrymes (1970), S. 450-451, König u. Wolters (1972), S. 48-49.
[38] Vgl. hierzu Blackman u. Tukey (1958), S. 215-216 u. S. 225-228, Jenkins (1961), S. 157 u. 159-160, Grenander u. Rosenblatt (1956), S. 273-274, Granger u. Hatanaka (1964), S. 45-46, Blackman (1965), S. 154-155, Fishman (1969), S. 112-118, Wetzel (1970), S. 37-38, König u. Wolters (1972), S. 77-80.
[39] Vgl. wegen der ersten Differenzen König u. Wolters (1972), S. 49.
[40] Vgl. auch Fishman (1969), S. 47 zur Frequenz-Antwort-Funktion sowie König u. Wolters (1972), S. 98 zur Transferfunktion des einfachen gleitenden Fünferdurchschnitts.
[41] Siehe Fishman (1969), S. 45.
[42] Vgl. hierzu die Kritik von Nerlove (1964), S. 266-271.
[43] Siehe Granger u. Hatanaka (1964), S. 60-61.
[44] Siehe hierzu Granger u. Hatanaka (1964), S. 43 u. 61.
[45] Siehe Jenkins (1961), S. 159.
[46] Siehe Karreman (1963), S. 1.
[47] Siehe hierzu Granger u. Hatanaka (1964), S. 82-85.
[48] Siehe Granger u. Hatanaka (1964), S. 105-107.
[49] Siehe Granger u. Hatanaka (1964), S. 105.
[50] Siehe hierzu Granger u. Hatanaka (1964), S. 107 u. 104-105.
[51] Siehe Granger u. Hatanaka (1964), S. 106 u. 104.
[52] Siehe Granger u. Hatanaka (1964), S. 82.
[53] Eine ähnlich Umrechnung nimmt Gröhn (1970) auf S. 128 vor.
[54] Vgl. hierzu die Betrachtung von König u. Wolters (1972) auf S. 119.
[55] Vgl. auch Garbers (1970), S. 56-57.
[56] Siehe hierzu Granger u. Hatanaka (1964), S. 78-80.

Anhang A1   ÜBUNGSAUFGABEN

1. Diskutieren Sie die Begriffe Untersuchungsperiode, Erfassungsperiode, Frequenz und Kreisfrequenz und zeigen Sie, in welcher Relation sie zueinander stehen.
2. Was versteht man unter Nyquist-Frequenz, welche Bedeutung hat diese für empirische Untersuchungen? Geben Sie ein Beispiel.
3. Was versteht man unter aliasing? Welche Bedeutung hat das aliasing für ökonomische Untersuchungen?
4. Was bedeuten die Eigenschaften der Symmetrie und der Kompatibilität für mehrdimensionale Verteilungsfunktionen?
5. Definieren Sie die Eigenschaften der starken und schwachen Stationarität.
6. Welche Schätzformeln für die Autokovarianzen kennen Sie? Welche Schätzformel für die Autokovarianzen hat sich in der Praxis durchgesetzt? Warum?
7. Warum bezeichnet man das normierte Spektrum als spektrale Dichtefunktion?
8. Welche Beziehung besteht zwischen der spektralen Dichtefunktion und der Autokorrelation einer Zufallsvariablen, die einem stationären stochastischen Prozeß entstammt?
9. In welche Bestandteile läßt sich eine spektrale Verteilungsfunktion zerlegen, welchen Modelltypen entsprechen diese?
10. Was versteht man unter Periodogrammanalyse? Worin bestehen ihre Nachteile?
11. Veranschaulichen Sie das Arbeiten mit Lagfenstern und Spektralfenstern (z.B. mittels eines Flußdiagramms). Welche Beziehung besteht zwischen Lagfenster und Spektralfenster?
12. Charakterisieren Sie das Rechtecklagfenster. Welche Nachteile weist dieser Fenstertyp auf, die seinen praktischen Einsatz problematisch erscheinen lassen?
13. Charakterisieren Sie das Bartlett-Lagfenster. Welchen Vorzug hat es gegenüber dem Rechtecklagfenster?
14. Charakterisieren Sie das von Hann-Tukey-Lagfenster. Welchen Nachteil hat es?

15. Charakterisieren Sie das Hamming-Lagfenster. Worin besteht sein Vorzug gegenüber dem von Hann-Tukey-Lagfenster? Welchen Wert nimmt es an der Stelle $|\tau| = T_m$, also an seinem äußersten Rand, an?
16. Welchen Vorteil hat das in der Praxis dominierende Parzen-Lagfenster gegenüber den Lagfenstern nach Hamming und von Hann-Tukey? Klassifizieren Sie die fünf bekanntesten Lagfenster in polynomiale und Kosinus-Lagfenster.
17. Welche Aussage trifft das Varianzverhältnis eines Lagfensters? Mit welchem der fünf bekanntesten Lagfenster wir ein besonders großes Varianzverhältnis, mit welchem das kleinste Varianzverhältnis erzielt?
18. Welche Bedeutung hat die Anzahl der Freiheitsgrade für ein Lagfenster? Für welches der fünf bekanntesten Lagfenster ist die Anzahl der Freiheitsgrade am größten, für welches am kleinsten?
19. Wie läßt sich die Bandbreite eines Spektralfensters definieren? Worin besteht der Nachteil einer großen Bandbreite?
20. Welcher Konflikt besteht zwischen Varianzverhältnis und Anzahl der Freiheitsgrade einerseits und der Bandbreite andererseits?
21. Wie wirkt sich eine Vergrößerung des maximalen Lagabstands T_m auf Varianzverhältnis, Anzhal der Freiheitsgrade und Bandbreite aus?
22. Welche Annahmen entsprechen der schwachen Stationarität (Stationarität 2. Ordnung) im bivariaten Fall?
23. Welche Beziehung besteht zwischen den beiden Kreuzkovarianzfunktionen bei Stationarität im bivariaten Fall?
24. Ordnen Sie die Autokovarianzen bis zur $(T-1)$-ten Ordnung zu einer Toeplitzschen Matrix.
25. Was ist der Inhalt des Theorems von Cramér und Kolmogoroff im multivariaten Fall?
26. Welche Beziehung besteht zwischen den beiden Kreuzspektren bei Stationarität im bivariaten Fall?
27. Welche beiden Eigenschaften weist bei Stationarität die Spektralmatrix auf, in der Auto- und Kreuzspektren zusam-

mengefaßt werden?

28. Was versteht man unter dem Kospektrum und dem Quadratspektrum des Kreuzspektrums?
29. Was versteht man unter der Amplitude und der Phase des Kreuzspektrums?
30. Wie ist die quadratische Kohärenz definiert?
31. Welche Analogie besteht zwischen quadratischer Kohärenz und Bestimmtheitsmaß (coefficient of determination)?
32. Wie sind im bivariaten Fall die beiden gains definiert?
33. Welche Analogie besteht zwischen gain und dem Regressionskoeffizienten der linearen Einfachregression?
34. Wie lautet die in der Praxis übliche Schätzformel für die beiden Kreuzkovarianzen im bivariaten Fall?
35. Wie erhält man die Frequenz-Antwort-Funktion eines linearen zeitinvarianten Filters aus den Filtergewichten?
36. Welche Beziehung besteht zwischen dem Spektrum einer stationären Inputreihe und dem Spektrum der resultierenden Outputreihe eines linearen zeitinvarianten Filters?
37. Was versteht man unter prewhitening und recoloring?
38. In welche beiden Komponenten kann man die Frequenz-Antwort-Funktion eines linearen zeitinvarianten Filters zerlegen?
39. Interpretieren Sie die Verstärkungsfunktion eines linearen zeitinvarianten Filters.
40. Wie erhält man die Transferfunktion eines Gesamtfilters, der aus der sukzessiven Anwendung linearer zeitinvarianter Einzelfilter auf eine stationäre Inputreihe besteht, aus den Transferfunktionen der Einzelfilter?

Anhang A2   EIN COMPUTERPROGRAMM ZUR MULTIVARIATEN SPEKTRAL-
               ANALYSE

A2.1. Programmbeschreibung

A2.1.1. Vorbemerkung

Das hier beschriebene FORTRAN-Computerprogramm zur multivariaten Spektralanalyse beruht auf den in meiner Habilitationsschrift[1] zusammengestellten Computerprogrammen. Diese bildeten zugleich die Grundlage für die SPSS-Version SPECTRAL[2]. Hierbei fand ich in Herrn Dipl.-Volkswirt Peter Beutel einen fähigen SPSS-Fachmann, der die uni- und multivariate Version meines FORTRAN-Computerprogramms in das "benutzerfreundliche" SPSS-Programmsystem einfügte. Nach seinen neuesten Informationen übernimmt nun auch die amerikanische SPSS-Version dieses Programm.

Die SPSS-Programmsysteme werden bekanntlich deswegen als benutzerfreundlich typisiert, weil der Benutzer diese ohne die Kenntnis höherer Programmiersprachen bedienen kann. Gleichwohl ist die Teilnahme an einem der kurzen Einführungskurse zur Anwendung des SPSS, die regelmäßig von den Rechenzentren angeboten werden, dringend zu empfehlen. Da den einzelen Programmen in SPSS-Form gemein ist, daß das zugrundeliegende FORTRAN-Programm vom Benutzer nicht ausgelistet werden kann, fühlen sich insbesondere fortgeschrittene Benutzer oft verunsichert über den materiellen Inhalt der ansonsten komfortablen Programme. Es mag sein, daß diesem Mangel von seiten der SPSS-Initiatoren in der Zukunft begegnet wird. Für meinen Teil entspreche ich hier diesem praktischen Bedürfnis auch im Sinne der wissenschaftlichen Nachvollziehbarkeit und füge das ausgelistete Programm dieser 2. Auflage meines Buches bei. Der interessierte Leser kann damit in den entscheidenden Rechenschritten die Arbeitsweise auch des SPSS-Programms SPECTRAL nachvollziehen.

---

1) Leiner, B.: Untersuchung über die Anwendbarkeit der spektralanalytischen Methoden in der Ökonometrie. Heidelberg 1975.
2) Leiner, B. u. P. Beutel: SPECTRAL. In: SPSS-Statistik-Programmsystem für die Sozialwissenschaften. Hrsg.: P. Beutel u.a., Stuttgart-New York 1976, S. 152 ff.

A2.1.2. Der Input
Es wird davon ausgegangen, daß die Daten bereits stationarisiert sind, d.h. daß der Benutzer Trendbereinigungen nach seiner Wahl vorgenommen hat. Die Residuen dieser Trendbereinigung sind der Input für dieses Computerprogramm zur multivariaten Spektralanalyse.
Das Hauptprogramm ruft zunächst das Unterprogramm INPT1 auf. Das Inputprogramm INPT1 liest von der 1. Parameterkarte mit NTEILK die Anzahl der Teilklassen ein. Wird mit n Zeitreihen gearbeitet, so rechnet das Programm für NTEILK = 1 alle $\binom{n}{2}$ bivariaten Analysen durch, was für große n lange Rechenzeiten bedeutet. Für mehr als 10 Zeitreihen wäre daher unter Verwendung von a priori-Informationen zu empfehlen, Teilklassen zu bilden, wobei bivariate Analysen nur innerhalb der Teilklassen durchgeführt werden.
Von der 2. Parameterkarte wird sodann gelesen:
1. Die Anzahl der Beobachtungen (N): Spalten 1-3 (rechtsbündig).
2. Der maximale Lagabstand (M): Spalten 4-5 (Für ökonomische Zeitreihen mit Monatsdaten sind Vielfache von 12 zu wählen, wobei $M < \frac{N}{3}$).
3. Der Lagfenstertyp (LF): Spalte 6. Hierbei bedeuten:
   1 = Rechteckfenster
   2 = Bartlett-Fenster
   3 = von Hann-Tukey-Fenster
   4 = Hamming-Fenster
   5 = Parzen-Fenster.
4. Die Normierung (NORM): Spalte 7. Für NORM = 1 wird grundsätzlich mit Korrelationen, für NORM = 0 wird grundsätzlich mit Kovarianzen gerechnet.
5. Die Anzahl der Zeitreihen (NZEITR): Spalten 8-9 (rechtsbündig).

Zur Kontrolle werden alsdann die eingelesenen Parameterwerte ausgedruckt.
Nach Rückgabe an das Hauptprogramm ruft dieses das Unterprogramm INPT2 auf. Das Unterprogramm INPT2 liest nun von den nachfolgenden Datenkarten nacheinander alle Zeitreihen ein, wobei vor jeder Zeitreihe eine Überschriftkarte (Die Spalten 1-80 werden für die Überschrift reserviert) erwartet wird.
(Man beachte, daß die Inputs von SPSS-Programmen anders struk-

turiert sind: Dort werden auf den ersten Datenkarten jeweils
die Werte der ersten Periode aller Zeitreihen, nachfolgend die
Werte der zweiten Periode aller Zeitreihen usw. eingelesen)
Die jeweilige Zeitreihe (X) wird hierbei entsprechend der Formatkarte 10= eingelesen, d.h. pro Lochkarte werden mit dem
Format 5G16.9 jeweils 5 Daten mit 16 Spalten im G-Format eingelesen. Dieses allgemeine Format wurde vom Verfasser zum Ausstanzen der Residuen der polynomialen Glättung verwendet und
kann natürlich vom Benutzer so geändert werden, daß es mit dem
Outputformat seiner Residuen übereinstimmt.
Zur Kontrolle werden die Zeitreihen anschließend mit Überschrift ausgedruckt.

A2.1.3. Die einzelnen Rechenschritte und der Output

Nachdem auch die Daten an das Hauptprogramm übertragen worden
sind, beginnt die eigentliche Rechenprozedur für die erste
Zeitreihe.
Das Hauptprogramm ruft das Unterprogramm KACOV auf, das die
Autokovarianzen berechnet nach der Formel

$$ACOVX(J) = \frac{1}{N} \sum_{I=1}^{N-J+1} (x_I - \bar{x})(x_{I+J-1} - \bar{x}) \quad \text{für } J = 1, 2, \ldots, M+1 ,$$

wobei

$$\bar{x} = \frac{1}{N} \sum_{I=1}^{N} x_I .$$

Für J = 1 liefert KACV(1) die Varianz (Die Indizierung mit J=0
ist im FORTRAN nicht zulässig).
Nach Rückgabe der Autokovarianzen an das Hauptprogramm wird
dort entschieden, ob Autokorrelationen zu berechnen sind, was
gegebenenfalls durch den Aufruf des Unterprogramms NORMI bewirkt und durch den Aufruf des Outputprogramms OUTP1 mitgeteilt wird.
Danach werden die Autokovarianzen (bzw. Autokorrelationen)
durch Aufruf des Unterprogramms LAGF mit dem gewählten Lagfenster gewichtet, d.h. es gilt für die gewogenen Autokovarianzen (bzw. gewogenen Autokorrelationen)

$$GACVX(J) = FLAG(J) \cdot ACOVX(J) \quad \text{für } J = 1, 2, \ldots, M+1 .$$

Aus diesen werden im nachfolgenden Unterprogramm AUSPC mittels
der Kosinustransformation die Autospektren gewonnen. Man erhält
die Autospektren durch

$$\text{ASPEX}(L) = \frac{1}{2\pi} \left[\text{GACVX}(1) + 2 \cdot \sum_{J=2}^{M+1} \text{GACVX}(J) \cdot \text{COST}(J) \right]$$

für L = 1, 2, ..., M+1 .

Die Werte COST(J) werden hierbei für die jeweilige Kreisfrequenz im Unterprogramm COSTB, das vom Unterprogramm AUSPC aufgerufen wird, berechnet.
Anschließend druckt das Outputprogramm OUTP2 die bisherigen Rechenergebnisse aus. Dies sind neben dem lag (laufender Index) die ungewogenen und gewogenen Autokovarianzen (bzw. Auto-Korrelationen) sowie das (Auto-)Spektrum (bzw. die spektrale Dichtefunktion) mit der Periodenlänge, die die Länge des jeweiligen Zyklus angibt (z.B. für Monatsdaten ergibt der letzte Wert jeweils die 2-Monatsschwingung).
Die bisherigen Rechenschritte werden anschließend auch für die nachfolgenden Zeitreihen durchgeführt; es werden also nacheinander univariate Spektralanalyse erstellt, so daß der Verfasser hier auf das Auslisten seines univariaten Spektralprogramms verzichten konnte.

Nun beginnt die multivariate Spektralanalyse, was durch den Ausdruck über das Outputprogramm OUTP3 angezeigt wird, wobei die jeweils betrachteten Zeitreihen (X und Y) durch ihre Nr. identifiziert werden. Durch zweimaliges Aufrufen des Unterprogramms KACOV werden die beiden Kreuzkovarianzfunktionen berechnet, nämlich

$$\text{CCVXY}(J) = \frac{1}{N} \sum_{I=1}^{N-J+1} (x_I - \bar{x})(y_{I+J-1} - \bar{y})$$

und

$$\text{CCVYX}(J) = \frac{1}{N} \sum_{I=1}^{N-J+1} (y_I - \bar{y})(x_{I+J-1} - \bar{x})$$

für J = 1, 2, ..., M+1

mit

$$\bar{y} = \frac{1}{N} \sum_{I=1}^{N} y_I .$$

Für J = 1 liefern uns CCVXY(1) sowie CCVYX(1) die Kovarianz. Nach Rückgabe der Kreuzkovarianzen an das Hauptprogramm wird dort entschieden, ob Kreuzkorrelationen zu berechnen sind, was gegebenenfalls durch den Aufruf des Unterprogramms NORMI bewirkt wird.
Sodann werden im Unterprogramm KOQUAS aus diesen Größen das Kospektrum und das Quadratspektrum berechnet. Das Kospektrum erhält man mit

$$KOSP(L) = \frac{1}{2\pi} \Big\{ CCVXY(1) + \sum_{J=2}^{M+1} \big[CCVXY(J) + CCVYX(J) \big] \cdot FLAG(J) \cdot COST(J) \Big\} \quad \text{für } L = 1, 2, \ldots, M+1 ,$$

wobei FLAG(J) die Gewichte des Lagfensters sind und die Kosinuswerte wieder vom Unterprogramm COSTB für die jeweilige Kreisfrequenz berechnet werden. Man beachte, daß alle Lagfenster CCVXY(1) das Gewicht 1 geben und daß für J=1 gilt cos(0) = 1.
Das Quadratspektrum erhalten wir mit

$$QUSP(L) = \frac{1}{2\pi} \sum_{J=2}^{M+1} \big[CCVXY(J) - CCVYX(J) \big] \cdot FLAG(J) \cdot SINT(J)$$

für L = 1, 2, ..., M+1 ,

wobei die Sinuswerte SINT(J) vom Unterprogramm SINTB für die jeweilige Kreisfrequenz berechnet werden. Man beachte, daß man wegen sin(0) = 0 für den Wert des Quadratspektrums der Nullfrequenz QUSP(1) = 0 erhält.
Das Outputprogramm OUTP4 druckt die Kreuzkovarianzen (bzw. Kreuzkorrelationen) mit zugehörigem lag (laufender Index) sowie Ko- und Quadratspektren mit zugehöriger Periodenlänge aus.

Mittels der Ko- und Quadratspektren werden nun im <u>Unterprogramm</u>
<u>AMPHCG</u> die Amplitude, die Phase, die quadratische Kohärenz und
die beiden Gains berechnet. So erhalten wir für L = 1, 2, ...,
M+1 die Amplitude mit

$$AMP(L) = \{[KOSP(L)]^2 + [QUSP(L)]^2\}^{\frac{1}{2}} ,$$

die Phase mit

$$PHA(L) = \text{arc tg} \left[\frac{QUSP(L)}{KOSP(L)}\right] ,$$

die quadratische Kohärenz mit

$$KOHAL2(L) = \frac{[KOSP(L)]^2 + [QUSP(L)]^2}{ASPEX(L) \cdot ASPEY(L)} ,$$

wobei ASPEX(L) für das Autospektrum der Zeitreihe X und
ASPEY(L) für das Autospektrum der Zeitreihe Y steht.
Den Gain von Y unter der Bedingung X erhalten wir mit

$$GAYBX(L) = \frac{AMP(L)}{ASPEX(L)}$$

und den Gain von X unter der Bedingung Y mit

$$GAXBY(L) = \frac{AMP(L)}{ASPEY(L)} .$$

Das <u>Outputprogramm OUTP5</u> druckt Amplitude, Phase, quadratische
Kohärenz und die beiden Gains mit zugehöriger Periodenlänge
aus.

A2.2. Das FORTRAN-Computerprogramm

```
1     7
C     HAUPTPROGRAMM
      REAL X(200),Y(200)
     *ACOVX(68),ACOVY(68),CCVXY(68),CCVYX(68),COST(68),SINT(68)
     *,FLAG(68),ASPEX(68),ASPEY(68),SUM(68),DIF(68),KOSP(68),
     *QUSP(68),AMP(68),AMP2(68),PHA(68),KOHAE2(68),GAYBX(68),
     *GAXBY(68),GACVX(68),
     *XX(168,9),SPECXX(49,9),
     *UEB(20)
      KT=1
80    CONTINUE
6     LZ=1
      CALL INPT1(LZ,N,MP1,LF,NORM,NTEILK,NZEITR)
50    CONTINUE
      CALL INPT2(LZ,N,NZEITR,XX,X,UEB)
      CALL KACOV(N,MP1,X,X,ACOVX)
      IF(NORM.EQ.1) CALL NORMI(MP1,ACOVX,ACOVX(1))
      IF(NORM.EQ.1) CALL OUTP1
      CALL LAGF(LF,MP1,ZWPI,ACOVX,FLAG,GACVX)
      CALL AUSPC(N,MP1,ZWPI,COST,GACVX,ASPEX)
      CALL OUTP2(MP1,LZ,ACOVX,GACVX,ASPEX)
      DO 8 I=1,MP1
8     SPECXX(I,LZ)=ASPEX(I)
      IF(NZEITR-LZ) 9,9,10
10    LZ=LZ+1
      GOTO 50
9     LZ=1
60    DO 11 I=1,N
11    X(I)=XX(I.LZ)
      DO 12 I=1,MP1
12    ASPEX(I)=SPECXX(I,LZ)
      MZ=LZ+1
70    DO 13 I=1,N
13    Y(I)=XX(I,MZ)
      DO 14 I=1,MP1
14    ASPEY(I)=SPECXX(I,MZ)
      CALL OUTP3(LZ,MZ)
      CALL KACOV(N,MP1,X,Y,CCVXY)
      CALL KACOV(N,MP1,Y,X,CCVYX)
      IF(NORM.EQ.1) CALL NORMI(MP1,CCVXY,CCVXY(1))
      IF(NORM.EQ.1) CALL NORMI(MP1,CCVYX,CCVYX(1))
      CALL KOQUAS(ZWPI,MP1,CCVXY,CCVYX,COST,SINT,SUM,DIF,FLAG,
     *KOSP,QUSP)
      CALL OUTP4(MP1,CCVXY,CCVYX,KOSP,QUSP)
      CALL AMPHCG(MP1,KOSP,QUSP,ASPEX,ASPEY,AMP2,AMP,PHA,
     *KOHAE2,GAYBX,GAXBY)
      CALL OUTP5(MP1,AMP,PHA,KOHAE2,GAYBX,GAXBY)
      IF(NZEITR-MZ) 22,22,23
23    MZ=MZ+1
      GOTO 70
22    IF(NZEITR-(LZ+1)) 24,24,25
```

```
      1       7

     25       LZ=LZ+1
              GOTO 60
     24       IF(NTEILK-KT) 26,26,27
     27       KT=KT+1
              GOTO 80
     26       CONTINUE
              STOP
              END



              SUBROUTINE INPT1(LZ,N,MP1,LF,NORM,NTEILK,NZEITR)
              READ(5,100) NTEILK
    100       FORMAT(I1)
              READ(5,101) N,M,LF,NORM,NZEITR
    101       FORMAT(I3,I2,2I1,I2)
              MP1=M+1
              WRITE(6,200) N,M,LF,NORM,NZEITR,NTEILK
    200       FORMAT(' ','N=',I3,5X,'M=',I2,5X,'LF=',I1,': 1=RECHTECK',
             *',2=BARTLETT,3=TUKEY,4=HAMMING,5=PARZEN,',5X,'NORM=',I1,
             *5X,'NZEITR=',I2,5X,'NTEILKLASSEN=',I1)
              RETURN
              END



              SUBROUTINE INPT2(LZ,N,NZEITR,XX,X,UEB)
              REAL XX(N,NZEITR),X(N),UEB(20)
              READ(5,102) (UEB(I),I=1,20)
    102       FORMAT(20A4)
              READ(5,103) (XX(I,LZ),I=1,N)
    103       FORMAT(5G16.9)
              WRITE(6,201) LZ
    201       FORMAT('0','ZEITREIHE',I3)
              WRITE(6,202) (UEB(I),I=1,20)
    202       FORMAT(' ',20A4///)
              WRITE(6,203) (XX(I,LZ),I=1,N)
    203       FORMAT(' ',6G16.9)
              DO 1 I=1,N
      1       X(I)=XX(I,LZ)
              RETURN
              END



              SUBROUTINE KACOV(N,MP1,A,B,KACV)
              REAL A(N),B(N),KACV(MP1)
              AN=N
              S=0.
              T=0.
              DO 1 I=1,N
              S=S+A(I)
      1       T=T+B(I)
              AMIWE=S/AN
              BMIWE=T/AN
              DO 2 I=1,N
              A(I)=A(I)-AMIWE
```

```
1       7
2       B(I)=B(I)-BMIWE
        DO 3 J=1,MP1
        KACV(J)=0.
        K=N-J+1
        DO 4 I=1,K
4       KACV(J)=KACV(J)+A(I)*B(I+J-1)
3       KACV(J)=KACV(J)/AN
        RETURN
        END


        SUBROUTINE NORMI(MP1,A,X)
        REAL A(MP1)
        DO 1 I=1,MP1
1       A(I)=A(I)/X
        RETURN
        END


        SUBROUTINE LAGF(LF,MP1,ZWPI,ACOVX,FLAG,GACVX)
        REAL ACOVX(MP1),FLAG(MP1),GACVX(MP1)
        M=MP1-1
        AM=M
        PI=3.14159265359
        ZWPI=2.*PI
        GOTO (10,20,30,40,50),LF
10      DO 1 I=1,MP1
1       FLAG(I)=1.
        GOTO 60
20      DO 2 I=1,MP1
        AIM1=I-1
2       FLAG(I)=1.-AIM1/AM
        GOTO 60
30      DO 3 I=1,MP1
        AIM1=I-1
        X=AMOD(X,ZWPI)
        IF(X.LE.0.) X=0.
4       FLAG(I)=.54+.46*COS(X)
        GOTO 60
50      MHAL=AM/2.+1.
        DO 5 I=1,MHAL
        AIM1=I-1
5       FLAG(I)=1.-6.*((AIM1/AM)**2)+6.*((AIM1/AM)**3)
        MHALP1=MHAL+1
        DO 6 I=MHALP1,MP1
        AIM1=I-1
6       FLAG(I)=2.*(1.-AIM1/AM)**3
60      DO 7 I=1,MP1
7       GACVX(I)=FLAG(I)*ACOVX(I)
        RETURN
        END
```

1   7

```
      SUBROUTINE AUSPC(N,MP1,ZWPI,COST,GACVX,ASPEX)
      REAL COST(MP1),GACVX(MP1),ASPEX(MP1)
      DO 1 L=1,MP1
      CALL COSTB(L,MP1,ZWPI,COST)
      ASPEX(L)=GACVX(1)
      DO 2 I=2,MP1
2     ASPEX(L)=ASPEX(L)+2.*GACVX(I)*COST(I)
1     ASPEX(L)=ASPEX(L)/ZWPI
      RETURN
      END


      SUBROUTINE COSTB(L,MP1,ZWPI,COST)
      REAL COST(MP1)
      AM=MP1-1
      ALM1=L-1
      DO 1 I=1,MP1
      AIM1=I-1
      X=ALM1*AIM1*ZWPI/(2.*AM)
      X=AMOD(X.ZWPI)
      IF(X.LE.0.) X=0.
1     COST(I)=COS(X)
      RETURN
      END


      SUBROUTINE SINTB(L,MP1,ZWPI,SINT)
      REAL SINT(MP1)
      AM=MP1-1
      ALM1=L-1
      DO 1 I=1,MP1
      AIM1=I-1
      X=ALM1*AIM1*ZWPI/(2.*AM)
      X=AMOD(X,ZWPI)
      IF(X.LE.0.) X=0.
1     SINT(I)=SIN(X)
      RETURN
      END


      SUBROUTINE KOQUAS(ZWPI,MP1,CCVXY,CCVYX,COST,SINT,SUM,DIF,
     *FLAG,KOSP,OUSP)
      REAL CCVXY(MP1),CCVYX(MP1),COST(MP1),SINT(MP1),DIF(MP1),
     *SUM(MP1), FLAG(MP1),KOSP(MP1),OUSP(MP1)
      DO 1 I=2,MP1
      SUM(I)=CCVXY(I)+CCVYX(I)
1     DIF(I)=CCVXY(I)-CCVYX(I)
      DO 2 L=1,MP1
      CALL COSTB(L,MP1,ZWPI,COST)
      KOSP(L)=CCVXY(1)
      DO 3 I=2,MP1
3     KOSP(L)=KOSP(L)+COST(I)*SUM(I)*FLAG(I)
      KOSP(L)=KOSP(L)/ZWPI
      CALL SINTB(L,MP1,ZWPI,SINT)
      OUSP(L)=0.
      DO 4 I=2,MP1
```

```
    1       7
    4       QUSP(L)=QUSP(L)+SINT(I)*DIF(I)*FLAG(I)
    2       QUSP(L)=QUSP(L)/ZWPI
            RETURN
            END


            SUBROUTINE AMPHCG(MP1,KOSP,QUSP,ASPEX,ASPEY,AMP2,AMP,PHA,
           *KOHAE2,GAYBX,GAXBY)
            REAL ASPEX(MP1),ASPEY(MP1),KOSP(MP1),QUSP(MP1),AMP2(MP1),
           *AMP(MP1),PHA(MP1),KOHAE2(MP1),GAYBX(MP1),GAXBY(MP1)
            DO 1 L=1,MP1
            AMP2(L)=KOSP(L)*KOSP(L)+QUSP(L)*QUSP(L)
            AMP(L)=SQRT(AMP2(L))
            PHA(L)=ATAN2(QUSP(L),KOSP(L))
            PHA(L)=PHA(L)*57.29577951
            KOHAE2(L)=AMP2(L)/(ASPEX(L)*ASPEY(L))
            GAYBX(L)=AMP(L)/ASPEX(L)
            GAXBY(L)=AMP(L)/ASPEY(L)
    1       RETURN
            END


            SUBROUTINE OUTP1
            WRITE(6,230)
    230     FORMAT('0','ES WIRD ANSTELLE VON AUTO- UND KREUZKOVARIAN'
           *,'ZEN MIT AUTO- UND KREUZKORRELATIONEN GERECHNET.',
           */'AN DIE STELLE VON SPEKTREN TRETEN SPEKTRALE DICHTE',
           *'FUNKTIONEN.')
            RETURN
            END


            SUBROUTINE OUTP2(MP1,LZ,ACOVX,GACVX,ASPEX)
            REAL ACOVX(MP1),GACVX(MP1),ASPEX(MP1)
            M=MP1-1
            WRITE(6,211) LZ
    211     FORMAT('0','LFD.INDEX; UNGEWOGENE UND GEWOGENE AUTOKOVA',
           *'RIANZEN(AUTOKORRELATIONEN); SPEKTRUM(SPEKTRALE DICHTE',
           *'FUNKTION; PERIODENLAENGE',/' ','ZEITREIHE',I3)
            WRITE(6,212)
    212     FORMAT('0',2X,'L',9X,'ACOV(L)',10X,'GACOV(L)',10X,
           *'SPEC(L)',10X,'PL')
            WRITE(6,213) ACOVX(1),GACVX(1),ASPEX(1)
    213     FORMAT('0','   0',5X,G15.7,3X,G15.7,3X,G15.7,2X,
           *'UNENDLICH')
            DO 7 I=2,MP1
            L=I-1
            AL=L
            PL=2.*M/AL
            WRITE(6,214) L,ACOVX(I),GACVX(I),ASPEX(I),PL
    214     FORMAT(' ',I3,5X,G15.7,3X,G15.7,3X,G15.7,1X,F10.5)
            RETURN
            END
```

```
1     7
      SUBROUTINE OUTP3(LZ,MZ)
      WRITE(6,215) LZ,MZ
215   FORMAT('Ø','KREUZSPEKTRALANALYSE VON ZEITREIHE',I3,
     *' MIT ZEITREIHE',I3)
      RETURN
      END


      SUBROUTINE OUTP4(MP1,CCVXY,CCVYX,KOSP,QUSP)
      REAL CCVXY(MP1),CCVYX(MP1),KOSP(MP1),QUSP(MP1)
      M=MP1-1
      WRITE(6,218)
218   FORMAT('Ø','LFD. INDEX; KREUZKOVARIANZEN(KREUZKORRELA',
     *'TIONEN); KOSPEKTREN, QUADRATSPEKTREN; PERIODENLAENGE')
      WRITE(6,219)
219   FORMAT('Ø',2X,'L',7X,'CCVXY(L)',11X,'CCVYX(L)',12X,
     *'KOSP(L)',12X,'QUSP(L)',10X,'PL')
      WRITE(6,220) CCVXY(1),CCVYX(1),KOSP(1),QUSP(1)
220   FORMAT('Ø','   Ø',4(3X,G16.9),2X,'UNENDLICH')
      DO 20 I=2,MP1
      L=I-1
      AL=L
      PL=2.*M/AL
20    WRITE(6,221) L,CCVXY(I),CCVYX(I),KOSP(I),QUSP(I),PL
221   FORMAT(' ',I3,4(3X,G16.9),1X,F10.5)
      RETURN
      END


      SUBROUTINE OUTP5(MP1,AMP,PHA,KOHAE2,GAYBX,GAXBY)
      REAL AMP(MP1),PHA(MP1),KOHAE2(MP1),GAYBX(MP1),GAXBY(MP1)
      M=MP1-1
      WRITE(6,222)
222   FORMAT('Ø','LFD. INDEX, AMPLITUDE, PHASE, QUADR. KOHAE',
     *'RENZ, GAINYBED.X,GAINXBED.Y, PERIODENLAENGE')
      WRITE(6,223)
223   FORMAT('Ø',2X,'L',9X,'AMP(L)',13X,'PHA(L)',10X,
     *'KOHAE2(L)',11X,'GAYBX(L)',12X,'GAXBY(L)',10X,'PL')
      WRITE(6,224) AMP(1),PHA(1),KOHAE2(1),GAYBX(1),GAXBY(1)
224   FORMAT('Ø','   Ø',5(3X,G16.9),2X,'UNENDLICH')
      DO 21 I=2,MP1
      L=I-1
      AL=L
      PL=2.*M/AL
21    WRITE(6,225) L,AMP(I),PHA(I),KOHAE2(I),GAYBX(I),GAXBY(I),
     *PL
225   FORMAT(' ',I3,5(3X,G16.9),1X,F10.5)
      RETURN
      END
```

Literaturverzeichnis

Anderson, T.W. (1964): Some Approaches to the Statistical Analysis of Time Series. The Australian Journal of Statistics, 6(1964), S. 1-11.
Bartlett, M. (1950): Periodogram Analysis and Continuous Spectra. Biometrika, 37(1950), S. 1-16.
Beveridge, W.H. (1922): Wheat Prices and Rainfall in Western Europe. Journal of the Royal Statistical Society, 85(1922), S. 412-459.
Birkenfeld, W. (1973): Zeitreihenanalyse bei Feedback-Beziehungen. Würzburg 1973.
Blackman, R.B. (1965): Linear Data-Smoothing and Prediction in Theory and Practice. Reading, Mass.-Palo Alto-London 1965.
Blackman, R.B. u. J.W. Tukey (1958): The Measurement of Power Spectra from the Point of View of Communications Engineering. Part 1: Bell System Technical Journal, 37(1958), S. 185-282. Part 2: Bell System Technical Journal, 37(1958), S. 485-569.
Bogert, B.P., M.J.R. Healy u. J.W. Tukey (1963): The Quefrency Alanysis of Time Series for Echoes: Cepstrum, Pseudo-Autocovariance, Cross-Cepstrum and Saphe Cracking. In: Time Series Analysis. Hrsg.: M. Rosenblatt. New York 1963, S. 209-259.
Brillinger, D.R. u. M. Hatanaka (1969): An Harmonic Analysis of Nonstationary Multivariate Economic Processes. Econometrica, 37(1969), S. 131-141.
Bronstein, I.N. u. K.A. Semendjajew (1970): Taschenbuch der Mathematik. Zürich-Frankfurt 1970.
Cramér, H. (1940): On the Theory of Stationary Random Processes. Annals of Methematics, 41(1940), S. 215-230.
Cramér, H. u. M.R. Leadbetter (1967): Stationary and Related Stochastic Processes. New York-London-Sydney 1967.
Dhrymes, P.J. (1970): Econometrics. New York-Evanston-London 1970.
Fisher, R.A. (1929): Tests of Significance in Harmonic Analysis. Proceedings of the Royal Society, Series A, 125(1929), S. 54-59.
Fishman, G.S. (1969): Spectral Methods in Econometrics. Cambridge, Mass. 1969.
Garbers, H. (1970): Probleme bei der praktischen Anwendung spektralanalytischer Methoden auf ökonomische Zeitreihen. In: Neuere Entwicklungen auf dem Gebiet der Zeitreihenanalyse. Hrsg.: W. Wetzel. Göttingen 1970, S. 47-65.
Garbers, H.(1971): Zur Spektral- und Kreuzspektralanalyse stationärer stochastischer Prozesse. Würzburg 1971.
Godfrey, M.D. (1967): Prediction for Non-Stationary Stochastic Processes. In: Spectral Analysis of Time Series. Hrsg.: B. Harris. New York-London-Sydney 1967, S. 259-269.
Goodman, N.R. (1957): Scientific Paper No. 10, Engineering Statistics Laboratory, New York University, 1957 (zugleich Ph.D. Thesis, Princeton University). Zit. nach Granger u. Hatanaka (1964), S. 78 u. 94.

Goodman, N.R. (1961): Some Comments on Spectral Analysis of Time Series. Technometrics, 3(1961), S. 221-228.
Goodman, N.R. (1963): Spectral Analysis of Multiple Time Series. In: Proceedings of the Symposium on Time Series Analysis, Held at Brown University 1962. Hrsg.: M. Rosenblatt. New York 1963, S. 260-266.
Goodman, N.R. (1963): Statistical Analysis Based on a Certain Multivariate Complex Gaussian Distribution. The Annals of Mathematical Statistics, 34(1963), S. 152-177.
Granger, C.W.J. (1966): The Typical Spectral Shape of an Economic Variable. Econometrica, 34(1966), S. 150-161.
Granger, C.W.J. in association with M. Hatanaka (1964): Spectral Analysis of Economic Time Series. Princeton, N.J. 1964.
Grenander, U. (1951): On Empirical Spectral Analysis of Stochastic Processes. Arkiv för Matematik, 1(1951), S. 503-531.
Grenander, U. (1958): Bandwidth and Variance in Estimation of the Spectrum. Journal of the Royal Statistical Society, Series B, 20(1958), S. 152-157.
Grenander, U. u. M. Rosenblatt (1956): Statistical Analysis of Stationary Time Series. Stockholm 1956.
Grenander, U. u. G. Szegö (1958): Toeplitz Forms and Their Applications. University of California Press. Berkeley-Los Angeles 1958.
Gröhn, E. (1970): Spektralanalytische Untersuchungen zum zyklischen Wachstum der Industrieproduktion in der Bundesrepublik Deutschland 1950-1967. Tübingen 1970.
Hannan, E.J. (1960): Time Series Analysis. London 1960.
Hannan, E.J. (1961): Testing for a Jump in the Spectral Function. Journal of the Royal Statistical Society, Series B, 23(1961), S. 394-404.
Harris, B. (1967)(Hrsg.): Spectral Analysis of Time Series. New York-London-Sydney 1967.
Hartley, H.O. (1949): Tests of Significance in Harmonic Analysis. Biometrika, 36(1949), S. 194-201.
Heiler, S. (1971): Wirtschaftsprognosen auf der Grundlage der Theorie schwach stationärer Prozesse. Meisenheim am Glan 1971.
Jenkins, G.M. (1961): General Considerations in the Analysis of Spectra. Technometrics, 3(1961), S. 133-166.
Jenkins, G.M. (1963): Cross-Spectral Analysis and the Estimation of Linear Open Loop Transfer Functions. In: Proceedings of the Symposium on Time Series Analysis, Held at Brown University 1962. Hrsg.: M. Rosenblatt. New York 1963, S. 267-276.
Jenkins, G.M. u. M.B. Priestley (1957): The Spectral Analysis of Time Series. Journal of the Royal Statistical Society, Series B, 19(1957), S. 1-12.
Jenkins, G.M. u. D.G. Watts (1968): Spectral Analysis and its Applications. San Francisco-Cambridge-London 1968.
Jones, R.H. (1965): A Reappraisal of the Periodogram in Spectral Analysis. Technometrics, 7(1965), S. 531-542.
Karreman, H.F. (1963): Computer Programs for Spectral Analysis of Economic Time Series. Econometric Research Program. Research Memorandum No. 59. Princeton, N.J. 1963.

Khintchine, A.Y. (1934): Korrelationstheorie der stationären stochastischen Prozesse. Mathematische Annalen, 109(1934), S. 604-615.
König, H. u. J. Wolters (1972): Einführung in die Spektralanalyse ökonomischer Zeitreihen. Meisenheim am Glan 1972.
Leiner, B. (1969): Ökonometrische Schätzverfahren. Saarbrücken 1969(Dissertation).
Linder, A. (1964): Statistische Methoden. Basel-Stuttgart 1964.
Lomnicki, Z.A. u. S.K. Zaremba (1957): On Estimating the Spectral Density Function of a Stochastic Process. Journal of the Royal Statistical Society, Series B, 19(1957), S. 13-37.
Lomnicki, Z.A. u. S.K. Zaremba (1959): Bandwidth and Resolvability in Statistical Spectral Analysis. Journal of the Royal Statistical Society, Series B, 21(1959), S. 169-171.
Loynes, R.M. (1968): On the Concept of the Spectrum for Nonstationary Processes. Journal of the Royal Statistical Society, Series B, 30(1968), S. 1-20.
Marriott, F.H.C. u. J.A. Pope (1954): Bias in the Estimation of Autocorrelations. Biometrika, 41(1954), S.390-402.
Menges, G. (1972): Grundriß der Statistik, Teil 1: Theorie. 2. Aufl., Opladen 1972.
Naeve, P. (1969): Spektralanalytische Methoden zur Analyse von ökonomischen Zeitreihen. Würzburg 1969.
Nerlove, M. (1964): Spectral Analysis of Seasonal Adjustment Procedures. Econometrica, 32(1964), S. 241-286.
Panofsky, H.A. (1967): Meteorological Applications of Cross-Spectrum Analysis. In: Spectral Analysis of Time Series. Hrsg.: B. Harris. New York-London-Sydney 1967, S. 109-132.
Parzen, E. (1957): On Choosing an Estimate of the Spectral Density Function of a Stationary Time Series. The Annals of Mathematical Statistics, 28(1957), S. 921-932.
Parzen, E. (1957): On Consistent Estimates of the Spectrum of a Stationary Time Series. The Annals of Mathematical Statistics, 28(1957), S. 329-348.
Parzen, E. (1961): An Approach to Time Series Analysis. The Annals of Mathematical Statistics, 32(1961), S. 951-988.
Parzen, E. (1961): Mathematical Considerations in the Estimation of Spectra. Technometrics, 3(1961), S. 167-190.
Parzen, E. (1962): Stochastic Processes. San Francisco-Cambridge-London 1962.
Parzen, E. (1963): Notes on Fourier Analysis and Spectral Windows. Technical Report No. 48. Stanford University. Stanford, Cal., May 15, 1963.
Parzen, E. (1964): An Approach to Empirical Time Series Analysis. In: Time Series Analysis Papers. Hrsg.: E. Parzen. San Francisco 1967, S. 551-565.
Parzen, E. (1967)(Hrsg.): Time Series Analysis Papers. San Francisco 1967.
Priestley, M.B. (1962): The Analysis of Stationary Processes with Mixed Spectra. I: Journal of the Royal Statistical Society, Series B, 24(1962), S. 215-233. II: Journal of the Royal Statistical Society, Series B, 24(1962), S. 511-529.
Priestley, M.B. (1962): Basic Considerations in the Estimation of Spectra. Technometrics, 4(1962), S. 551-564.

Priestley, M.B. (1964): Estimation of the Spectral Density Function in the Presence of Harmonic Components. *Journal of the Royal Statistical Society*, Series B, 26(1964), S. 123-132.

Priestley, M.B. (1965): Evolutionary Spectra and Non-stationary Processes. *Journal of the Royal Statistical Society*, Series B, 27(1965), S. 204-229.

Robinson, E.A. (1967): *Multichannel Time Series Analysis with Digital Computer Programs*. San Francisco-Cambridge-London 1967.

Schuster, A. (1898): On the Investigation of Hidden Periodicities with Application to a Supposed 26 Day Period of Meteorological Phenomena. *Terrestrial Magnetism*, 3(1898), S. 13-41.

Tukey, W. (1961): Discussion, Emphasizing the Connection Between Analysis of Variance and Spectral Analysis. *Technometrics*, 3(1961), S. 191-219.

Weinstein, A.S. (1958): Alternative Definitions of the Serial Correlation Coefficient in Short Autoregressive Sequences. *Journal of the American Statistical Association*, 53(1958), S. 881-892.

Wetzel, W. (1970): Hinweise auf einige theoretische Grundlagen der Spektralanalyse von stationären Prozessen. In: *Neuere Entwicklungen auf dem Gebiet der Zeitreihenanalyse*. Hrsg.: W. Wetzel. Göttingen 1970, S. 5-45.

Wonnacott, T.H. (1961): Spectral Analysis Combining a Bartlett Window With an Associated Inner Window. *Technometrics*, 3 (1961), S. 235-243.

Yaglom, A.M. (1962): *An Introduction to the Theory of Stationary Random Functions*. Englewood Cliffs, N.J. 1962.

Statistische Monatszahlen, Jahrgänge 1961 bis 1974. Hrsg.: Statistisches Bundesamt.

System/360 Scientific Subroutine Package. Version III, Programmer's Manual. GH20-0205-4. Hrsg.: IBM. 5. Aufl., August 1970.

MIX
Papier aus verantwortungsvollen Quellen
Paper from responsible sources
FSC® C105338

If you have any concerns about our products,
you can contact us on
ProductSafety@springernature.com

In case Publisher is established outside the EU,
the EU authorized representative is:
**Springer Nature Customer Service Center GmbH
Europaplatz 3, 69115 Heidelberg, Germany**

Printed by Libri Plureos GmbH
in Hamburg, Germany